rororo Mit Kindern leben

Zu diesem Buch

Mit den Elternbüchern von Ulrich Diekmeyer, Standardwerke der Ratgeberliteratur, finden Eltern leicht durch den alltäglichen Erziehungsdschungel. Wissenschaftlich fundiert, dabei leicht verständlich, geben die Bücher Auskunft über alles, was Eltern wissen sollten, damit das Familienleben liebevoll und zur Zufriedenheit aller funktioniert. Sie helfen den Eltern, Sicherheit im Umgang mit den Kleinen zu entwickeln, und sorgen dafür, dass der Nachwuchs einen guten Weg ins Leben findet.

Aus dem Inhalt

Körper: Körperbeherrschung, Körperpflege, Muskulatur
Umwelt: Wunsch und Realität, Kindergarten, Elterninitiativen
Psychische Entwicklung: Vorschulalter, Förderung, andere Kinder
Verhaltensstörungen: Elternfehler, Therapie, Aggression, Symptome
Spielen: Regeln, Lernen

Mit praktischem Lernspielprogramm

Ulrich Diekmeyer

Das Elternbuch 4

Unser Kind im vierten Lebensjahr

Rowohlt Taschenbuch Verlag

Herausgegeben von Bernd Gottwald

Redaktion Barbara Wirt

4. Auflage November 2006

Vollständig überarbeitete und erweiterte Neuausgabe
Veröffentlicht im Rowohlt Taschenbuch Verlag,
Reinbek bei Hamburg, März 2000

Umschlaggestaltung Büro Hamburg, Susanne Reizlein
(Foto: Heidi Velten, Kunterbunt)
Satz Minion und Syntax PostScript, QuarkXPress 4.04
Gesamtherstellung Clausen & Bosse, Leck
Printed in Germany
ISBN 13: 978 3 499 60854 4
ISBN 10: 3 499 60854 5

Inhalt

Einführung

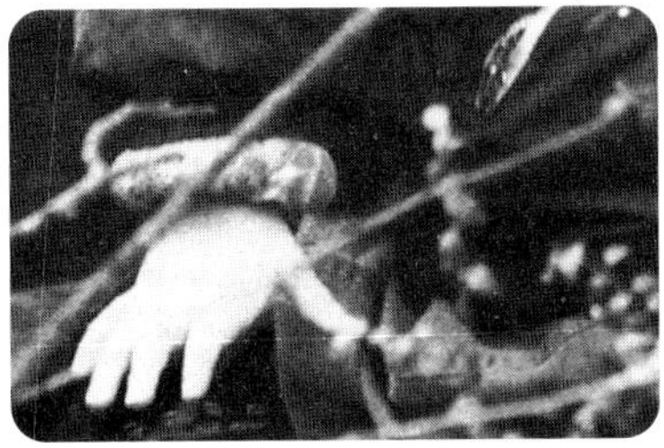

Dreijährige Kinder hält es nicht mehr lange in der Wohnung. Auch der Garten ist manchen schon zu klein. Deshalb gehen sie, am liebsten zu zweit, auf Erkundung aus.

Ihr Kind entdeckt die weitere Umwelt

Vom dritten Geburtstag an ist Ihr Kind nach den Aussagen vieler Pädagogen «im vorschulischen Alter», kurz: ein Vorschulkind. Diese Bezeichnung deutet an, dass sich das Kind in einem Durchgangsstadium befindet, denn sie leitet sich nicht von einer bevorzugten Tätigkeit dieser Jahre ab, sondern bezieht sich auf die spätere Schulzeit.

Wollte man einen treffenden Begriff für die Drei- bis Fünfjährigen finden, der sich an vorherrschenden Aktivitäten orientiert, müsste man von den wesentlichen Lernfeldern in diesem Zeitabschnitt ausgehen. Dazu gehören die Initiative, die Kinder entwickeln, ihre Neugier und der Forscherdrang, um die weitere Umwelt zu erkunden, ihre Versuche, Menschen außerhalb der Familie kennen zu lernen. Gleichzeitig entdecken sie weitere Bereiche ihrer Individualität, sie werden noch wesentlich selbständiger und sich ihrer selbst bewusst.

Typisch für all diese Fortschritte ist das Erkunden und Erproben. Vielleicht sollte man die Kinder dieses Alters deshalb als «Entdecker» im weitesten Sinne bezeichnen. Dies wird durch die folgenden Überlegungen noch verdeutlicht.

Ihr Kind hat in den ersten drei Lebensjahren in der Familie und in einer räumlich begrenzten Umwelt, zu der die Wohnung und die nähere Umgebung gehören, grundlegende Erfahrungen über sich und seine Umwelt gesammelt. Es hat Vertrauen zu seinem engsten Umfeld entwickelt. Es weiß, an welchen sicheren Ort es sich bei Schwierigkeiten zurückziehen kann.

Mit diesen Voraussetzungen begibt es sich nun selbständiger in die weitere Umwelt, auch in den Kindergarten. Menschen und Sachen, die ihm begegnen, werden getestet und bewertet, ihre Eigengesetzlichkeit erkundet.

Die wesentliche Aufgabe der Eltern und Erzieher liegt in dieser Zeit darin, dem Kind die besten Voraussetzungen für das Entdecken zu schaffen, seine Unternehmungslust zu fördern und die gelungenen Aktionen anzuerkennen.

Gleichzeitig sollten Sie als Eltern darauf achten, dass Ihr Kind nicht überfordert wird. Dazu gehört, dass Sie unüberwindliche Hindernisse und Barrieren beiseite räumen, es eine Umwelt erleben und erfahren lassen, die es verstehen kann, in der Zusammenhänge durchschaubar sind. Das Kind braucht Anregungen, die seine Initiative herausfordern. Sie sollten ihm so wenig wie möglich verbieten.

So lernt es mehr und mehr, dass Dinge und Abläufe im Allgemeinen nach bestimmten Regeln funktionieren, die man kennen und berücksichtigen muss. Dies lernt es umso leichter, wenn diese Regeln (und Zusammenhänge, in denen sie gelten oder auch nicht gelten) erklärt und Ver- und Gebote begründet werden. Es sind nicht Forderungen, Strafen usw., die das Kind fördern. Erziehung im guten Sinn besteht vielmehr darin, dem Kind Entdeckungs- und Erfahrungsmöglichkeiten zu bieten, ihm neue Sichtweisen zu eröffnen. Dabei schult es seine kognitiven, emotionalen und sozialen Fähigkeiten. Es erlebt sich als Mittelpunkt seiner Aktivitäten.

PLAYERS

Daneben haben Eltern und Erzieher die große Chance durch das eigene Vorbild. Daran orientiert sich das Kind ständig. Das betrifft alltägliche Gewohnheiten ebenso wie wichtige soziale Verhaltensweisen (Fairness, Verständnis, Rücksichtnahme usw.). Wenn es sie nicht bei Vater und Mutter erlebt, wird es auch nicht einsehen, warum es sich so und nicht anders verhalten soll.

Schwierigkeiten in der Übernahme von Verhaltensweisen bestehen heute allerdings in einem zentralen Lebensbereich, in der Arbeitswelt. Kinder erleben meist nur, dass der Vater oder die Mutter das Haus verlassen, um zur Arbeit zu gehen. Was ist das? Muss man da wirklich immer hingehen? – Was berufliche Arbeit ist, wissen Kinder lange Zeit nicht. Die Trennung vom Leben daheim – Freizeit und Erholung – einerseits und Arbeit außerhalb andererseits wirkt sich auf die Entwicklung der Lernbereitschaft in der Vorschulzeit wenig günstig aus.

Eine grundlegende Aufgabe für die Vorschulzeit besteht deshalb darin, Kindern Arbeitsvorgänge, zunächst vor allem im Haushalt, zu zeigen und sie daran zu beteiligen. Das Kind freut sich über das, was gemeinsam entsteht, und es erlebt das Gefühl, tüchtig zu sein.

Damit erwirbt es auch Vertrauen in die eigenen Fähigkeiten. Es fühlt sich nicht mehr so abhängig von den Erwachsenen. Seine Bereitschaft, etwas zu leisten, wird geweckt. Gerade im Hinblick auf die allgemeine Situation an den Grundschulen (hohe Klassenstärken, umfangreiche Lernzielkataloge) sind diese frühen eigenen Erfahrungen wichtig.

In den drei Vorschuljahren werden somit wichtige Grundsteine für die Zukunft gelegt. Man kann nicht erwarten, dass ein Kind in der Schule und später im Beruf Spaß an der Arbeit hat, wenn die Motivation zur Leistung in diesen drei Jahren missglückt. Wird es überfordert, hat es zu viele Misserfolge. Ist es unterfordert, «verspielt» es wichtige Möglichkeiten der Selbstentfaltung. Auch wenn es unter Druck etwas leisten soll, entsteht Abneigung gegen Leistung und Arbeit.

Das Lernspielprogramm dieses Buches ist für Sie, die Eltern, als Hilfe gedacht. Es bietet Anregungen, Spiele, Aufgaben und Übungen für das ganze Jahr. Planen Sie die Lernspiele in den Tageslauf ein, sodass sie Ihrem Kind Spaß machen, dass es Erfolge und Anerkennung erlebt und seine Fortschritte erkennen kann. Bedenken Sie jedoch, dass

kein Lernprozess gleichförmig und bei allen Kindern mit gleicher Geschwindigkeit abläuft. Unterschiede bis zu sechs Monaten, vor allem, wenn sie sich auf einzelne Entwicklungs- und Lernbereiche beziehen, sind in diesem Alter durchaus normal.

Ist allerdings die gesamte Entwicklung verzögert, sprechen Sie sowohl mit einem Arzt als auch mit einem Kinderpsychologen darüber, und bitten Sie gegebenenfalls auch um eine genaue Untersuchung. Je früher ausgleichende Maßnahmen begonnen werden und je besser sie auf die Situation abgestimmt sind, desto eher kann eine wesentliche Verbesserung oder auch ein Ausgleich erreicht werden.

Bei einem deutlichen Entwicklungsvorsprung in einigen Bereichen sollten Sie darauf achten, dass Ihr Kind auf anderen Gebieten nicht unverhältnismäßig weit zurückbleibt. Lassen Sie sich nicht zu sehr durch «Spitzen» beeindrucken, etwa im Sprechen. Ein Kind braucht eine differenzierte Entwicklung in allen Bereichen, um jetzt und später den Anforderungen, auch den emotionalen, sozialen und motorischen, gerecht werden zu können.

Die Förderung des Kindes in allen Lernbereichen ist die Aufgabe beider Eltern. Jeder von Ihnen hat auf bestimmten Gebieten besondere pädagogische Fähigkeiten und kann dem Kind unterschiedliche Erfah-

rungen und Kenntnisse weitergeben. Dazu gehört auch, die Umgebung des Kindes zu gestalten oder auch anpassend abzuändern. Wenn das nur in geringem Umfang möglich ist, sollten Sie ergänzend ab und zu eine «wünschenswerte» Umwelt aufsuchen.

Bei Freunden und Bekannten erhält Ihr Kind weitere neue Eindrücke und sammelt Erfahrungen, wie das zu Hause vielleicht nicht möglich ist. Menschen außerhalb der Familie, Kinder, Freunde, Bekannte, aber auch Fremde können einem Kind oft in kurzer Zeit ganz neue Impulse geben oder sein Interesse für etwas wecken.

Praktische Hinweise

Thematischer Überblick

Im Mittelpunkt eines jeden Bandes der Elternbuch-Reihe stehen die Entwicklungsanregungen (Bände 1 bis 3) bzw. das Lernspielprogramm für das Vorschulalter (Bände 4 bis 6). Im Übrigen werden in den einzelnen Bänden bestimmte Themenbereiche schwerpunktartig behandelt. Sie werden dann in den anderen Bänden kürzer dargestellt oder kommen darin gar nicht vor. In den Bänden 3 bis 5 finden Sie die folgenden Schwerpunkte:

- Elternbuch 3: Ernährung, Kinderzimmer, Sexualität, Erziehungsziele und -stile, Entwicklungsanregungen.
- Elternbuch 4: Kindergarten, Umwelt, Verhaltensauffälligkeiten und -störungen, Lernspielprogramm.
- Elternbuch 5: Erziehungsmethoden, Fernsehen, Kurse für Kinder, Auskunft und Hilfe in besonderen Situationen, Lernspielprogramm.

Was Sie noch wissen sollten

Hier noch einige praktische Tipps für den Gebrauch dieses Buches: Machen Sie es sich zur Regel, das Elternbuch 4 mehrmals in der Woche zur Hand zu nehmen. Lesen Sie die Kapitel, die Sie gerade besonders interessieren. Es ist nicht notwendig, dass Sie das Buch in einem Zug intensiv durchlesen. Aber legen Sie es an einen Platz, den Sie täglich im Blickfeld haben. Und denken Sie daran, das Lernspielprogramm regelmäßig durchzuführen.

Noch ein Hinweis: Dieses Buch wendet sich an Mütter und Väter in gleicher Weise. Jeder von Ihnen sollte sich mit Erziehungsfragen auseinander setzen und sich bei der Förderung der Entwicklung intensiv beteiligen. In der Regel spreche ich Sie ganz persönlich an. Mit diesem «Sie» sind meistens beide Elternteile, Vater und Mutter, gemeint. Fast alle Aufgaben, Spielanregungen und Beschäftigungen können ja von

beiden Elternteilen übernommen werden.
Für die sprachlich-logisch nicht konsequente, aber vielleicht ausgewogene Entscheidung, nicht immer nur die weibliche Form bei Berufsgruppen zu verwenden, sondern auch die kürzere männliche, bitte ich um Verständnis. Der Einfachheit halber schreibe ich in der Regel von Erzieherinnen und Lehrerinnen einerseits und von Ärzten und Kindertherapeuten andererseits.

Die erste Fassung der Elternbuch-Reihe wurde bereits in den siebziger Jahren entwickelt, in den nachfolgenden Jahren folgten mehrere Neubearbeitungen. Von vielen Kindern und Erwachsenen habe ich Anregungen aufgreifen können und ich danke allen sehr herzlich dafür!

Besonders ist auch den Kindern und Eltern zu danken, die sich für Fotoaufnahmen zur Verfügung gestellt haben! Die Überarbeitungen, die natürlich auch dem Verlag immer wieder Arbeit gemacht haben, besonders auch Frau Wirt, die die redaktionelle Bearbeitung umsichtig und genau übernommen hat – besten Dank dafür –, wurden notwendig wegen des stetigen Wandels unserer Gesellschaft, teilweise auch wegen neuer wissenschaftlicher Erkenntnisse.

Die größere Differenzierung der Gesellschaft, die Berücksichtigung der verschiedenen Familienformen und der Regionen innerhalb des deutschen Sprachraums können im Elternbuch 4 aufgrund des beschränkten Umfangs nur angeschnitten werden – aber die Übertragung der Zielsetzungen und der wichtigen Inhalte auf Ihre Lebenssituation wird Ihnen sicher keine größeren Schwierigkeiten bereiten.
Eine Bitte noch: Denken Sie daran, dass Ihr Kind später gern einmal in die Vergangenheit zurückblickt. Führen Sie deshalb ein Tagebuch mit Fotos für Ihr Kind. Versuchen Sie, wenigstens jedes Vierteljahr einmal die Entwicklungsschritte Ihres Kindes festzuhalten: seine neuen Fähigkeiten und Fertigkeiten, Körpergröße und -gewicht ebenso wie besondere Erlebnisse, die besten Freunde und Freundinnen, die bevorzugten Spiele usw. Gute Fotos zu machen ist nicht schwierig. Und falls Ihnen gerade keine Bildideen einfallen, können Sie immer noch nachsehen, was die Fotografen für Band 4 eingefangen haben.

Ein Kind gut erziehen heißt mitzufühlen, mitzudenken und beim Handeln von den Bedürfnissen und Möglichkeiten des Kindes auszugehen: Wenn das Elternbuch 4 dazu beiträgt, hat es sein Ziel erreicht.

Der Körper des Kindes

Erleben Sie gemeinsam, wie Ihr Kind größer, geschickter und klüger wird. Der Entwicklungsfortschritt vollzieht sich mehr oder weniger unmerklich. Mit ihrem Kind darüber zu sprechen macht ihm ein wichtiges Geschehen erkennbar.

So verändert sich der Körper im vierten Lebensjahr

Körpergröße und Gewicht, Körperproportionen

Mit zunehmendem Alter wird es immer schwerer, ein verbindliches Maß für die «normale» Körpergröße und das «normale» Gewicht eines Kindes anzugeben. Die große Schwankungsbreite entsteht durch Unterschiede im Körperbautyp (genetisch bedingt), kann aber auch durch die Ernährung und den Gesundheitszustand mitbedingt sein. Auch das Temperament und die seelische Gesundheit des Kindes spielen dabei eine Rolle.

Dennoch können Sie sich an folgenden Zahlen orientieren:

- Jungen wachsen in diesem Jahr durchschnittlich von anfangs 97,5 bis auf 105,2 cm.
- Mädchen wachsen von anfangs 96,5 bis auf 103,3 cm.

Ungefähr 8 cm mehr oder weniger liegen bei Jungen und Mädchen im Normalbereich. In diesem Jahr erreichen die meisten Kinder also das Doppelte ihrer Geburtsgröße.

Die Gewichtszunahme in diesem Alter bedeutet in der Regel keine Zunahme an Fettgewebe, sondern an Knochen und Muskelgewebe.

- Das Gewicht erhöht sich bei Jungen von etwa 14 auf 16,7 Kilogramm.
- Mädchen nehmen von etwa 14 auf 16,3 Kilogramm zu.

Das Gewicht Ihres Kindes sollte maximal dreieinhalb Kilogramm darunter oder vier darüber liegen. Da die Kinder in diesem Alter ständig in Bewegung sind, bleiben die meisten schlank (sofern keine Ernährungsfehler vorliegen).
Die Theorie, dass Kinder in bestimmten Altersabständen abwechselnd entweder überwiegend in die Länge oder in die Breite wachsen, wird durch die Statistik nicht belegt.

Neben der anlagebedingten Konstitution (Körperkraft, Temperament, Gesundheit), die das Wachstum des Kindes prägen, spielen – wie schon erwähnt – eine geeignete Ernährung und die seelische Verfassung des Kindes eine große Rolle. Ruhige und ausgeglichene Kinder wachsen schneller als emotional belastete. Seelische Störungen haben vor allem Auswirkungen auf das Gewicht: Diese Kinder essen im Vergleich zum Energieverbrauch meistens zu viel, seltener zu wenig.

In diesem Alter ist Ihr Kind immer noch «kopflastig». Der Kopf – der am weitesten entwickelte Körperteil – bleibt verhältnismäßig groß. Er wird bis zum Ende dieses Lebensjahres fast seine endgültige Breite erreichen und später nur noch in die Länge wachsen. (Innere Organe, wie zum Beispiel das Herz, brauchen dagegen 20 Jahre bis zu ihrer vollen Entwicklung.) Die Stirn wird flacher, die Augäpfel vergrößern sich, der Hals streckt sich. Der Rumpf wächst gleichmäßig weiter, aber die Bauchpartie bleibt noch beherrschend.

Körperbeherrschung

Ihr Kind wird jetzt in seinen Bewegungen schneller und geschickter. Es verbessert seine Körperbeherrschung auch dann, wenn es nur scheinbar planlos herumtobt. Es ist deshalb außerordentlich wichtig, dass Sie es nicht bremsen. Außerdem kann es – wenn es sich ausgetobt hat – umso eher eine Weile beim Malen, Essen oder Geschichtenerzählen ruhig bleiben.

Folgende Fertigkeiten kann Ihr Kind in diesem Jahr erlernen oder verfeinern:
- geschickt auf Spielgeräten oder Bäumen klettern;

- von 30 cm Höhe herunterspringen;
- bis zu 80 cm weit springen (mit geschlossenen Beinen ca. 20 cm);
- mehrere Meter auf einem Bein hüpfen;
- einen Ball werfen und fangen;
- Dreirad oder Fahrrad (mit Seitenrädern) fahren;
- Brücken aus Bausteinen bauen;
- einfache Figuren (Quadrat, Kreuz, Dreieck) nachzeichnen;
- selbständig essen;
- sich selbst an- und ausziehen.

Früherkennungs-Untersuchung

In der zweiten Hälfte dieses Lebensjahres ist eine Früherkennungs-Untersuchung (U 8) vorgesehen. Lassen Sie Ihr Kind unbedingt rundum untersuchen. Der Arzt fragt insbesondere nach:
- Krampfanfällen,
- der Sprachentwicklung,
- der Motorik und
- nach Verhaltensauffälligkeiten.

Bei der U 8 erhebt der Arzt darüber hinaus folgende Befunde:
- Körpermaße (Gewicht, Längenwachstum, Körperproportionen),
- Haut (Farbe, Pigmentierung, eventuell Hautveränderungen),
- Brustorgane (Hals, Herz, Lunge),
- Bauchorgane,
- Geschlechtsorgane,
- Harn,
- Knochenbau (Schädel, Brustkorb, Wirbelsäule, Gliedmaßen),
- Sinnesorgane (Augen, Mund, Nase, Ohren),
- Motorik und Nervensystem.

Schließlich geht es um die folgenden ergänzenden Angaben:
- Fluoridprophylaxe (Zähne),
- Durchführung der wichtigen Schutzimpfungen,
- Tuberkulinprobe,
- Zufriedenheit der Eltern mit der kindlichen Entwicklung,
- Erkrankungen oder Operationen seit der letzten Früherkennungs-Untersuchung.

Gesundheitserziehung als täglicher Spaß

Jede Krankheit bedeutet eine große Belastung für das Kind. Abgesehen von den speziellen Krankheitssymptomen wirken sich auch die allgemeinen Begleiterscheinungen einer Krankheit störend auf seine Entwicklung aus. Es wird in seinem Bewegungsdrang eingeengt, bei längerem Liegen im Bett erschlaffen seine Muskeln, es kann nicht mit anderen Kindern spielen und fühlt sich meist auch psychisch unwohl.

Richten Sie sich deshalb nach dem bekannten Motto «Vorbeugen ist besser als heilen»: Betreiben Sie aktive Gesundheitserziehung! Dazu gehören gesunde Ernährung, das durchschnittliche Mindestmaß an Bewegung bzw. körperlicher Aktivität und Anstrengung (und damit eines wünschenswerten Energieumsatzes) sowie Spaß und Freude. Hier finden Sie weitere wichtige Hinweise.

Die richtige Körperpflege

Haut- und Haarpflege

Bei der Körperpflege denken wir zunächst an die Haut. Sie ist ein wichtiges Schutzorgan: Hautfett und Säuremantel (Reaktion von Sekreten) schützen vor Krankheitserregern. Die Haut dient auch zur Wärmeregulierung: Bei Kälte ziehen sich die Poren in der Haut zusammen und geben dadurch wenig Wärme nach außen ab, bei Hitze öffnen sie sich.
Weiterhin speichert die Haut Fett, Wasser und Kochsalz, was teilweise beim Schwitzen wieder ausgeschieden wird. Schließlich ist sie ein wichtiges Sinnesorgan (Wärme- und Kälteempfindungen, Schmerzempfindungen, Tastsinn usw.).
Einige Tipps zur Hautpflege:

- Duschen Sie Ihr Kind alle zwei bis drei Tage. Verwenden Sie eine milde, unparfümierte Seife ohne chemische Zusätze.
- Lassen Sie es ein- bis zweimal pro

Woche baden (Wassertemperatur 32 bis 36 Grad). Gewöhnen Sie es allmählich daran, dass es sich zum Abschluss kalt abduschen lässt (etwa 18 bis 20 Grad sind kalt genug; das härtet ab und regt den Blutkreislauf an).

- Geben Sie Ihrem Kind täglich frische Wäsche.
- Handtücher und Waschlappen sollten Sie zweimal in der Woche wechseln.
- Ihr Kind sollte sich in der ausreichend geheizten Wohnung oft unbekleidet bewegen.

Neben der Haut- ist die übrige Körperpflege ebenso wichtig zur Vorbeugung gegen Krankheiten und zum allgemeinen Wohlbefinden:

- Zur Haarpflege bürsten Sie mehrmals täglich die Haare Ihres Kindes. Waschen Sie sie – je nach Bedarf – zwei- bis dreimal in der Woche.
- Schneiden und feilen Sie die Fingernägel einmal in der Woche. Schieben Sie dabei auch die Nagelhaut vorsichtig zurück. Gereinigt werden die Nägel täglich mit einer weichen Handbürste (anschließend, soweit erforderlich, mit einem Nagelreiniger – unter den Fingernägeln sammeln sich leicht Bakterien an). Wenn Sie dazu etwas erzählen, lässt Ihr Kind diese Prozedur lieber über sich ergehen.

Pflege der Zähne

Achten Sie darauf, dass Ihr Kind sich regelmäßig mindestens morgens und abends die Zähne putzt (möglichst auch mittags oder nach dem Verzehr von Süßigkeiten).

Wirksam gegen Karies ist das Zähneputzen, wenn die Zähne drei Minuten lang so gebürstet werden: zuerst kreisende Bewegungen oder Rütteln an der Stelle auf der Vorderseite der Zähne, weg vom Zahnfleisch, dann die Rückseite der

Zähne und die Oberseite der Backenzähne. Zum Schluss wird gespült (bei Kariesgefahr mit medizinischem Mundwasser). Kaufen Sie eine fluorhaltige Zahnpasta. Elektrische Zahnbürsten reinigen intensiver. Wenn Sie eine einfache Zahnbürste benutzen, nehmen Sie eine mit einem kleinen Bürstenkopf, damit Ihr Kind Zwischenräume erreicht.

Häufiges Daumenlutschen bedeutet eine Gefahr für das Zahnbett. Die oberen Zähne werden nach außen, die unteren Zähne nach innen gedrückt. Ober- und Unterkiefer verformen sich, die bleibenden Zähne nehmen dann die gleiche ungünstige Stellung ein, und die Verformung muss durch das Tragen einer Zahnklammer im Schulalter ausgeglichen werden.

Denken Sie auch daran, dass die Milchzähne die Platzhalter für die bleibenden Zähne sind. Fallen sie vorzeitig aus, kann das zu einem Engstand des späteren Gebisses führen.

Sonne, Luft und gesundes Klima

Sonne wird Ihrem Kind immer gut tun – in vernünftiger Dosierung natürlich! Sie vernichtet Bakterien, sie trägt zur Bildung von Vitamin D bei und regt die Blutgefäße an.

Setzen Sie Ihrem Kind einen Hut auf, wenn es länger in der Sonne spielt. Selbstverständlich darf es auch nie bei direkter Sonnenbestrahlung einschlafen. Nutzen Sie jede Gelegenheit, um Sonnenlicht in Ihre Wohnung zu lassen. Günstig ist, die Betten ab und zu in die Sonne zu legen.

! Achtung: Die Ozonschicht, die uns vor Hautkrebs erregenden ultravioletten Sonnenstrahlen schützt, ist dünner geworden. Lassen Sie Ihr Kind nur kurz in der prallen Sonne spielen, und tragen Sie auf seine Haut eine Sonnenschutzcreme mit Faktor zwölf bis 20 auf.

Frische Luft ist wichtig für die Gesundheit. Wenn Sie in der Stadt wohnen, sollten Sie so oft wie möglich mit Ihrem Kind ins Grüne fahren und dort für viel Bewegung sorgen. Wichtig ist auch, dass das Schlafzimmer gut durchlüftet wird; das Fenster sollte nachts einen kleinen Spalt offen stehen, die Zimmertemperatur zwischen 16 und 19 Grad betragen.

Achten Sie auch auf die richtige Atmung bei Ihrem Kind. Durch

kräftiges Atmen kann die Vitalkapazität (das ist die größte Luftmenge, die man einatmen kann) gesteigert werden. Wenn Ihr Kind einmal längere Zeit nicht herumtollen kann, sollten Sie das folgende, ausgleichende Atemtraining mit ihm machen:

- Für die Brustatmung: hinstellen, die Arme nach oben strecken und dabei einatmen, anschließend den Oberkörper beugen, die Arme hängen lassen und entspannt ausatmen.
- Für die Bauchatmung: auf den Rücken legen, die Bauchdecke nach oben drücken und einatmen, dann die Bauchdecke senken und ausatmen.

Natürliche Atemübungen sind auch Singen, Lachen, Blasen und Pfeifen. Über günstiges oder ungünstiges Klima lassen sich kaum generelle Aussagen machen. Was für ein Kind ein Heilklima ist, stellt für das andere ein Störklima dar.
Nur für bestimmte Krankheiten kann das günstigste Klima angegeben werden. Seeklima wirkt sich zum Beispiel günstig bei Asthma aus. Wenn Sie mit Ihrem Kind verreisen wollen, fragen Sie ggf. Ihren Hausarzt, ob das Klima Ihres Reiseziels für Ihr Kind zu empfehlen ist.

Schutz vor ansteckenden Krankheiten

Sicher haben Sie Ihr Kind bereits gegen mehrere Kinderkrankheiten impfen lassen. Trotzdem besteht natürlich die Gefahr, dass es mit Krankheitserregern in Berührung kommt, gegen die es keinen Impfschutz gibt. Doch auch dagegen gibt es Abwehrmaßnahmen:

- Härten Sie Ihr Kind ab, sodass es gegen Kälte und Wärme, Sonne und Wind weitgehend unempfindlich wird.
- Sorgen Sie für die richtige Ernährung und ausreichenden Schlaf.
- Besonders Vitamin C schützt gegen Infektionen. Es ist in größeren Mengen zum Beispiel in Paprikaschoten, Rosenkohl, Fenchelknolle, Broccoli, Meerrettich, Kiwi, Erdbeeren, Grünkohl, Blumenkohl, Rotkohl, Kohlrabi, Spinat, Feldsalat, schwarzen Johannisbeeren, Weißkraut, Zitronen, Chinakohl enthalten (Abfolge der genannten Gemüse- und Obstarten nach Vitamin-C-Gehalt: von 105 mg bis 35 mg pro 100 g essbare Anteile).

Knochengerüst und Muskulatur

Für das Knochengerüst und die Muskulatur ist eine kalk- und vitaminreiche Kost wichtig, aber auch viel Bewegung an der frischen Luft und anschließende Entspannung.

Achten Sie immer auf die Haltung Ihres Kindes. Schuld an schlechter Haltung sind häufig Stühle, die nicht die richtige Höhe haben: Die Füße sollten immer den Boden berühren, die Rückenlehne muss sich der Wirbelsäule anpassen. Auch die Bettenausstattung ist wichtig: Die Matratze darf nicht durchgelegen und nicht weich sein, um Verformungen der Wirbelsäule zu vermeiden und die Rückenmuskulatur zu stärken.

Umwelt

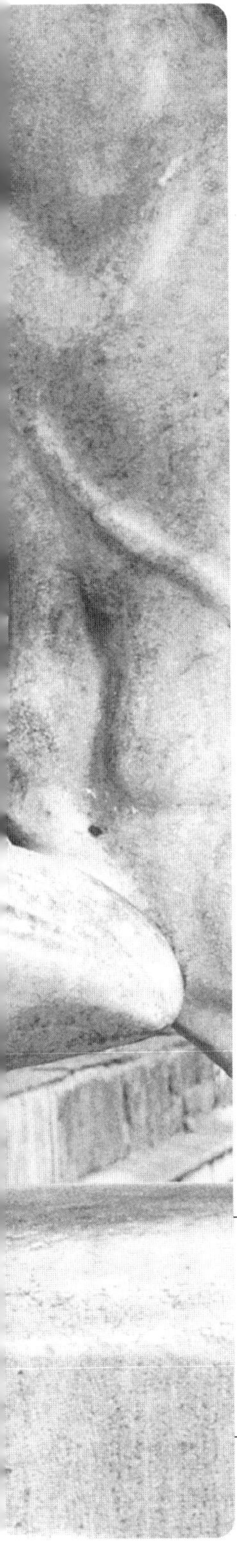

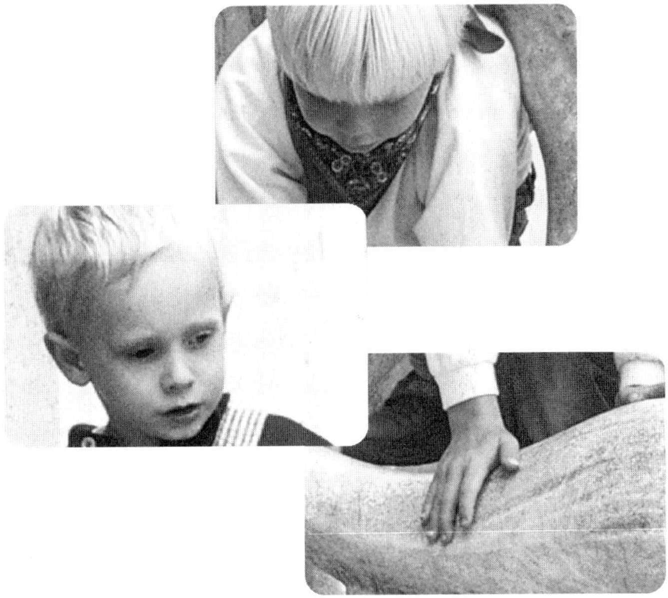

Aus der Entfernung betrachtet, sieht dieser bayerische Löwe nicht gar so groß aus. Dass er gewaltig ist, entdecken die beiden Jungen beim Spielen. Voraussetzung für solche eigenen Erfahrungen ist, dass die Eltern selbständige Entdeckungstouren zulassen.

Besondere Ereignisse im Tagesablauf

Die Gestaltung der Wochentage hängt natürlich sehr von Ihrer besonderen Familiensituation ab. Versuchen Sie, Ihrem Kind verständlich zu machen, warum ein bestimmter Tagesablauf eingehalten werden muss. Es fällt ihm dann leichter, sich darauf einzustellen.

Bieten Sie ihm eine gewisse Regelmäßigkeit, beharren Sie aber nicht starr darauf. Viele Bedürfnisse kann das Kind jetzt schon selbst regulieren – ob es etwa mittags schlafen will oder nicht, die Zeit des abendlichen Zubettgehens usw. Auch kurzfristigen Veränderungen und unerwarteten Situationen kann es sich nun leicht anpassen. So bekommt die Familie insgesamt wieder einen größeren Bewegungsspielraum.

Lernspielprogramm

Das Programm sollte immer flexibel gehandhabt werden und nicht an bestimmte Tageszeiten gebunden sein. Am besten ist es, wenn die einzelnen Spiele und Übungen in Abschnitten über den Tag verteilt werden. Natürlich sollten dabei die aktiven Phasen des Kindes genutzt werden: die Zeit nach dem Frühstück und der mittlere bis späte Nachmittag. Eine Ankündigung wie «So, jetzt wird gelernt» ist natürlich nicht motivierend; sie würde den Charakter der Anregungen verfälschen. Jede Starrheit im Programm sollte vermieden werden, besser ist es, spontan entstehende Situationen zu nutzen.

Geben Sie Ihrem Kind täglich Anregungen aus dem Lernspielprogramm. Achten Sie aber darauf, dass Sie es nicht überfordern, und stören Sie es nicht, wenn es sich gerade gut selbst beschäftigt.

Fernsehen

Bei vielen Kindern gehört jetzt auch das Fernsehen zum Tagesablauf. In diesem Alter sollte allerdings nicht länger als eine halbe Stunde pro Tag

ferngesehen werden. Die Eltern müssen dabei sein, denn ohne ihre Erklärungen wird das Kind nur verwirrt und kann keine Ordnung in den Ablauf der Bilder bringen. Oft versteht es die Geschichten erst, wenn sie im anschließenden Gespräch noch einmal rekonstruiert werden. Es sollte auch nur Sendungen ansehen, die man zuvor gezielt ausgesucht hat und die als Kindersendungen gekennzeichnet sind. Besonders zu empfehlen ist, zunächst die für Kinder gekennzeichneten Sendungen auf Videoband aufzuzeichnen und danach zu entscheiden, ob sie für Ihr Kind eine positive Anregung sind. Vorteilhaft dabei ist auch, dass Ihr Kind dann die Sendungen mit Unterbrechungen, also portionsweise, und wiederholt ansehen kann.

Zubettgehen

Vor dem Einschlafen braucht Ihr Kind unbedingt ein zärtliches Streicheln und ein liebevolles Wort, das auch unangenehme Tagesereignisse überwinden hilft und ihm das Gefühl der Geborgenheit gibt. Bei solchen Gesprächen am Bett können Missverständnisse geklärt und angestaute Gefühle aufgearbeitet werden.

Das muss natürlich in einer entspannten und beruhigenden Form geschehen, denn Aufregung oder heftige Worte würden das Einschlafen erschweren. Auch über den nächsten Tag kann man dann schon sprechen. Das erleichtert den Abschied vom Tag durch die Gewissheit, dass sich auch morgen angenehme Dinge ereignen können. Und wenn Sie Ihrem Kind dann noch eine kleine Geschichte erzählen oder ein Lied vorsingen, wird es schnell einschlafen.

Wochenende

Auch für das Kind sollte das Wochenende zu einem Höhepunkt der Woche werden: Endlich haben alle Familienmitglieder Zeit füreinander, die möglichst oft zu Ausflügen in die Umgebung genutzt werden sollte. Dabei besteht dann für die Kinder die Gelegenheit, sich einmal richtig auszutoben. Vielleicht können Sie auch gelegentlich von einer anderen Familie ein befreundetes Kind mitnehmen – falls Ihr Kind keine Geschwister hat.

Von einem ständigen Wechsel des Ausflugsziels ist abzuraten, weil die Kinder sonst jedes Mal ein neues Terrain erobern müssen. Es versteht sich von selbst, dass Spielzeug und Sportgeräte mitgenommen werden sollten.

Einflüsse der Umwelt auf Ihr Kind

Die Bedeutung der Umwelt ist uns in den letzten Jahren immer bewusster geworden. Die Diskussion über Umweltschutz, über die Beeinträchtigungen und die teilweise Zerstörung der natürlichen Lebensbedingungen des Menschen hat uns aber nicht nur die schädigenden Einflüsse der Umwelt auf den Menschen und seine Gesundheit vor Augen geführt, sondern zeigt uns auch die positiven Wirkungen, die eine günstige Umwelt auf uns ausübt. Im Folgenden werden einige Aspekte aufgeführt, die vor allem für ein Vorschulkind zu bedenken sind.

Die Bedeutung der Umwelt für die Selbstregulation

In jeder Wohnung, jedem Kinderzimmer, auf der Straße und in den Parks ist das Kind immer wieder durch vielerlei Verbote und Gebote eingeschränkt. Auch der Erwachsene, der dem Kind möglichst viel Freiheit in der Wohnung zu lassen versucht, muss zwangsläufig viele Aktivitäten des Kindes bremsen, weil oft bei der Planung von Wohnungen Kinder nicht berücksichtigt sind, weil man die Nachbarn stört, (sorgfältige) Anpflanzungen beschädigt usw.

In einer idealen Umwelt würde das Kind – zumindest stundenweise – keinen solchen Beschränkungen unterliegen: Es könnte sich überall absolut frei bewegen, so wie es ihm Spaß macht. Es könnte wörtlich und im übertragenen Sinn «Luft holen», seinen Körper voll einsetzen, Lebensbereiche erkunden und spielend Erfahrungen sammeln. Alle Zwänge wären abgelegt, das Kind könnte sich als selbstbestimmt erleben.
Zugleich würde es erfahren, welche Folgen sein Verhalten hat, denn es würde sich gewissermaßen in einem Dauerexperiment mit sich und sei-

nen Möglichkeiten befinden. Es könnte sich Ziele setzen, sie mit seinen Mitteln erreichen oder zu der Einsicht kommen, dass es ihm nicht gelingt. In solcher Umgebung würden viele Konflikte erst gar nicht entstehen!

Freilich ist diese Form des kindlichen Selbststeuerungs- und Experimentierverhaltens kaum irgendwo möglich – nicht dort, wo hunderttausend gleich hohe Grashalme einen englischen Rasen bilden, nicht zwischen säuberlich bearbeiteten Blumenbeeten, nicht in der Nähe einer verkehrsreichen Straße, nicht dort, wo durch Industrie und Autos Lärm, Schmutz und gefährliche Abfälle entstehen, nicht in engen Hinterhöfen.

Damit Selbstregulation und Selbsterfahrung richtig in Gang kommen, muss das Kind verschiedene Umgebungen zur Auswahl haben. Diese müssen so ausgewählt werden, dass sie den wichtigen Bedürfnissen entsprechen und das Kind in ihnen selbständig handeln kann.

Wichtige Merkmale einer wünschenswerten Umwelt

Entdeckungen, Abenteuer und Überraschungen

Ist die Umgebung vielseitig, verschlungen, auch ein bisschen undurchschaubar, kann das Kind (allein oder mit anderen Kindern) immer wieder etwas Neues entdecken: einen Schleichpfad, ein Versteck, eine Baumhöhle, ein Nest, Tiere (Käfer, Insekten, Würmer, Vögel), Bäume und Büsche. Diese Umgebung muss für das Kind aber leicht erreichbar sein, damit es mit ihr vertraut wird, damit es auch die verborgenen kleineren Überraschungen findet.
In seiner Umwelt muss ein Kind auch etwas Neues entstehen lassen können: Es sollte z. B. einen Tunnel graben, in einem Bach einen Damm oder aus Ästen eine kleine Hütte bauen können. Vielleicht kann es auch gelegentlich mit älteren Geschwistern oder Freunden ein Feuer machen und Kartoffeln oder Würstchen braten.
Wichtig ist, dass das Kind sich ein Ziel setzt und versucht, es mit eigener Kraft zu verwirklichen. Es kann selbst Veränderungen herbeiführen und wird sich seiner Fähigkeiten und Grenzen bewusst. So ist es auch eher bereit, seine Unzulänglichkeiten und Fehler zu akzeptieren.

Ausgleich durch wechselnde Gefühle

Gerade dass man – auch in einer bekannten Umgebung – immer wieder etwas entdecken, erfinden oder anders machen kann, löst einen ständigen Wechsel von Spannung und Entspannung aus, von Neugier und Befriedigung, von Freude, aber auch von Unmut oder Enttäuschung.
Auch das trägt zur Selbsterfahrung und -steuerung bei: Nach einem Misserfolg erholt sich das Kind bei einer leichteren selbst gestellten Aufgabe, die Erfolg und Freude mit sich bringt. Danach ist es wieder gestärkt und nimmt einen neuen Anlauf. Bei dieser freien Betätigung und Selbstregulierung gibt es einen ständigen Ausgleich verschiedenartigster Gefühle. Das gilt insbesondere dann, wenn mehrere Kinder miteinander spielen.

Die Umwelt als anregende Lernwelt

Die für Kinder wünschenswerte Umwelt enthält durch ihre Vielseitigkeit (Wiese, Bäume, Wasser, Steine, Tiere usw.) zugleich eine Fülle von Informationen, die sich dem Kind geradezu aufdrängen. Unzählige kleine Beobachtungen des Kindes kommen zusammen und ergeben ein Geflecht von Erfahrungen. Außerdem wird das

Kind in einer solchen Umgebung erfinderisch, vor allem, wenn ein benötigtes Gerät oder Hilfsmittel nicht passend vorhanden ist: Ein langer Stock ersetzt dann einen Bogen und mit einem kurzen Stöckchen schneidet man Gräser ab. Das Kind lernt, wie man eine kleine Feuerstelle baut, wie man gekreuzte Stäbe zum Tragen brauchen kann, welche Gräser sich zum Binden statt einer Schnur eignen usw.

Umwelt und Welt der Erwachsenen

Es gibt auch heute noch einige Berufe, die vorwiegend im Freien ausgeübt werden und deren Tätigkeitsmerkmale für ein Kind leicht zu verstehen sind (Gärtner, Landwirt, Holzfäller, Förster usw.). Nutzen Sie Gelegenheiten, um Ihr Kind bei solchen Tätigkeiten zuschauen oder sogar mithelfen zu lassen. Von diesen Erfahrungen aus lassen sich Beziehungen zwischen den beobachteten Arbeiten und zum Beispiel der Ernährung oder einzelnen Industriezweigen (Möbel-, Papierindustrie usw.) herstellen. Solche Erfahrungen erleichtern es dem Kind dann auch, Informationen über die Berufe in der arbeitsteiligen Welt und die sich daraus ergebenden sozialen Konstellationen aufzunehmen. Dies ist deshalb so wichtig, weil die Kinder heute – im Gegensatz zu früher – mit vielen Berufen, vor allem den Handwerksberufen, nicht mehr selbstverständlich in Berührung kommen.

Die Umwelt als Spiel- und Begegnungswelt

Wenn mehrere Kinder zusammen spielen, dabei aber nicht ausreichende Freiheit genießen, so belasten diese Einschränkungen auch die Beziehungen zwischen den Kindern. Finden die Spiele jedoch in einer Umgebung statt, wie sie in diesem Kapitel als wünschenswert geschildert wurde, kommt es zu spannungsfreieren, interessanten Kontakten. Die vielfältigen Anregungen der Umwelt führen dazu, dass jedes Kind seine Bedürfnisse zum Ausdruck bringen darf, viele Wünsche befriedigen kann und seine Fähigkeiten einsetzt. Das ungezwungene Spielen lockert die Beziehungen: Die Kinder sind dann weniger aggressiv, beharren weniger auf dem eigenen Standpunkt und können eher auf ein anderes Kind eingehen.

Ein Blick auf die Realität: die gegenwärtige Umwelt

Kinder, die heute in Städten aufwachsen, erleben oft nur eine graue Umgebung: einen kleinen, schmutzigen Innenhof, einen gepflasterten Gehweg, eine laute Straße. Es gibt in der Stadt viele Grünflächen, die von Kindern nicht betreten werden dürfen, oder enge Höfe, in denen Ballspiele und Toben verboten sind. Vergleichsweise gut haben es Kinder, deren Eltern einen (wenn auch kleinen) Garten haben oder die auf dem Land leben.

Laut Statistik beträgt der den Kindern von der öffentlichen Hand durchschnittlich zur Verfügung gestellte Spielplatz in Städten etwa dreieinhalb Quadratmeter, pro Auto ist dagegen eine Abstellfläche von 25 Quadratmetern vorgesehen: ein krasses Missverhältnis, ein Ausdruck von Kinderfeindlichkeit und ein Ausdruck der Unzulänglichkeiten unserer Demokratie, in der Kinder keine Stimme für ihre Bedürfnisse, keine mächtigen Vertreter haben! Die Kinderbeauftragten der einzelnen Parteien und auch in einigen Kommunen bemühen sich zwar um Abhilfe, sie brauchen jedoch Ihre Initiative: Versuchen Sie, Ihre örtlichen Kinderbeauftragten zu unterstützen! Vielleicht macht man sich einfach viel zu wenig Gedanken darüber, dass bei Kindern Entwicklungshemmungen und -störungen auftreten, wenn man ihnen die für eine normale Entwicklung notwendigen Bewegungs-, Spiel- und Erfahrungsräume vorenthält, Störungen, die später mit ihren möglicherweise schlimmen Folgen die gesamte Gesellschaft belasten und auch an die folgende Generation weitergegeben werden.

Wie können wir für unsere Kinder eine bessere Umwelt schaffen?

Viele berechtigte Forderungen, zum Beispiel nach kindgerechten Spielplätzen, Vorschulerziehung und menschenwürdiger Umwelt, wurden in letzter Zeit formuliert. Das meiste davon ist noch weit von einer Realisierung entfernt, teils, weil es an entscheidender Stelle an Einsicht fehlt, teils, weil die notwendigen Voraussetzungen, vor allem finanzieller Art, nicht vorhanden scheinen.

So bleibt den Eltern (außer der Diskussion und der ständigen Wiederholung ihrer Forderungen, was allerdings dem eigenen Kind meist nicht mehr nützt) nur die Möglichkeit, die Entwicklung ihres Kindes im Vorschulalter selbst in die Hand zu nehmen. Manches lässt sich mit Elterninitiativen erreichen (vgl. S. 50). Wenigstens innerhalb der Familie können Sie für günstige Bedingungen sorgen:

- Im Urlaub: Stress und kinderfeindliche Atmosphäre vermeiden (besser Bauernhof als Hotel, lieber Camping als Stadtaufenthalt).
- Am Wochenende: Mindestens alle vierzehn Tage einen Ausflug in die freie Natur machen.
- Wochentags zwischen Freibad, Park und Spielplatz wechseln.
- Freunde für das Kind suchen, einladen und darauf hoffen, dass andere Familien das Kind ihrerseits einladen.
- Reihenhausgärten kindgerecht gestalten: mit großem Sandkasten, in den auch Wasser geleitet werden kann, mit Büschen, hinter denen man sich verstecken kann, mit einem Zelt oder einem Häuschen für das Kind.
- Über den Gemeinderat ein öffentliches Gelände als Kinderspielplatz beantragen und die benötigten Einrichtungen als Elternselbsthilfe organisieren.
- In einer Elterninitiative die Innenhöfe mehrerer Häuser zusammenlegen, sie als Grün- und Spielfläche gestalten.

Kindergarten heute

Die Kindergärten als vorschulische Einrichtungen zur Betreuung, Bildung und Erziehung werden in der Bundesrepublik Deutschland überwiegend von Spitzenverbänden der freien Wohlfahrtspflege sowie den ihnen angeschlossenen Verbänden (zum Beispiel Deutscher Caritasverband, Diakonisches Werk, Arbeiterwohlfahrt, Deutscher Paritätischer Wohlfahrtsverband) und den Trägern der öffentlichen Kinder- und Jugendhilfe (unter anderem Kommunen) unterhalten.

Die jeweilige Verteilung ist in den Bundesländern unterschiedlich, angefangen von Bundesländern, bei denen die katholische und evangelische Kirche die größten privaten Träger sind – das ist weithin der Fall –, bis zu den Stadtstaaten, in denen der kommunale Anteil sehr hoch ist.

Die Zuständigkeit der Ministerien in den 16 Bundesländern ist nicht einheitlich geregelt, obwohl die Anzahl der Bundesländer, in denen die Sozial-(und / oder Arbeits-)ministerien zuständig sind, deutlich überwiegt. Das kann insgesamt eher als ein Nachteil betrachtet werden – die Tendenz, der Betreuung und Aufbewahrung einen höheren Stellenwert einzuräumen vor Zielen der Erziehung und Bildung ist aus der Perspektive der Erwachsenen entstanden: Sie benötigen eine Betreuung der Kinder, während sie einer Berufstätigkeit nachgehen. Aus der Perspektive des Kindes geht es hauptsächlich um Anregung und Förderung – und dies ist in einem Bundesland, das den Kindergarten dem Kultus- oder Bildungsministerium zuordnet, zunächst einmal eher gewährleistet.

Selbstverständlich muss beim Kleinstkind zunächst vorrangig die Betreuung (Körperpflege, Ernährung, Wärme, Sicherheit usw.) gewährleistet sein. Tatsächlich sind

jedoch genauso schon vom ersten Lebenstag an die Kommunikation zwischen Kind und Erwachsenem, Empathie, Hör- und Sprechanreize usw. als notwendige Entwicklungsanregungen erforderlich. (Ein Nachteil der Zuordnung von Kleinstkind-Horten, Krippen und Kindergärten zum Kultusbereich ist, dass hier die Kindergarteneinrichtungen in der Rangfolge der Bildungsinstitutionen hinsichtlich Prestige und Wichtigkeit im Vergleich z. B. zu Gymnasien, Berufsschulen oder Grundschulen ganz hinten rangieren, obwohl sie sachlich höchste Priorität haben müssten.)

Kindergartenpädagogik im Wandel

Die Zielsetzungen des Kindergartens sind in den vergangenen Jahrzehnten deutlich verändert worden. Zu den traditionellen Aufgaben des sozialen Lernens und der emotional-affektiven Entwicklung kam seit 1970 vor allem die Förderung des kognitiven Lernbereichs.

Eine weitere Welle der Innovation erfolgte in den Jahren zwischen 1973 und 1985: Das Bundesministerium für Bildung und Wissenschaft förderte in allen Bundesländern verschiedene Modellversuche und

Projekte, sodass der Kindergarten in der öffentlichen Diskussion einen hohen Stellenwert bekam. Die zentralen Fragestellungen dabei waren:

- In welchem Lebensjahr soll ein Kind in welcher Institution gefördert werden (einschließlich Modellversuchen zum Übergang vom Kindergarten in die Grundschule)?
- Wie können deutsche und ausländische Kinder gemeinsam gefördert werden?
- Welche Möglichkeiten gibt es, nicht behinderte und behinderte Kinder gemeinsam zu erziehen?
- Wie soll die pädagogische Praxis im Kindergarten gestaltet werden? Dabei wurde vor allem der situationsorientierte Ansatz der Förderung entwickelt.

Ziele des Kindergartens heute

Entwicklungsförderung in allen Verhaltens- und Erlebnisbereichen

Eltern wünschen heute vielfach, dass ihr Kind einen Kindergarten besucht, weil sie dort gezielte Förderung und Erziehung erwarten, systematische Entwicklungsanregungen in diesen wichtigen Lernjahren, eine Förderung der gesamten kindlichen Persönlichkeit.

Förderung des sozialen Verhaltens

Das Zusammensein vieler Kinder, die altersmäßig nicht allzu weit auseinander sind, bietet für fast alle sozialen Lernbereiche günstige Voraussetzungen.
Es fördert partnerschaftliches Verhalten, bietet Gelegenheit, eigene Verhaltensmöglichkeiten (etwa dominierendes oder gruppengemäßes Verhalten) zu erproben, und ermöglicht ständige Kommunikation ohne Lenkung durch Erwachsene.
Bei gemeinsamen Spielen erlernt das Kind Kooperation, es erlebt die Entstehung und Verarbeitung von Konflikten. Seine Kritikfähigkeit, seine Flexibilität und Kreativität werden gefördert. Es übt sich darin, eigene Interessen auszudrücken und durchzusetzen. Gleichzeitig vergrößert sich seine Fähigkeit, mit Enttäuschungen fertig zu werden (Frustrationstoleranz), wenn manche Ziele nicht erreicht werden können.

Soziales Lernen, besonders zwischen unterschiedlich alten Kindern, wird immer wichtiger, seit die Anzahl der Einzelkinder in Familien (bezogen auf Familien mit Kindern) einen Anteil von ca. 38 Prozent erreicht hat. Geschwisterersatz ist hier eine Zielsetzung, auch mit der Blickrichtung, dass das Zusam-

mensein und -leben verschiedener Generationen erfahren und erlernt werden soll (etwas verkürzt: das vierjährige Kind ist im Verhältnis zum achtjährigen teilweise vergleichbar dem Verhältnis eines dreißigjährigen Erwachsenen zu einem sechzigjährigen).

In einem gut geleiteten Kindergarten lernt das Kind, sich mit ausländischen Kindern, Kindern aus anderen sozialen Schichten und teils auch mit behinderten Kindern auseinander zu setzen und sie zu verstehen. Aus dem gemeinsamen Handeln über einen längeren Zeitraum hinweg entsteht schließlich auch Solidarität unter den Kindern. Der Kindergarten bietet also günstige Voraussetzungen für verschiedene Arten und Inhalte sozialen Lernens.

Wichtig ist hier auch der Bezug zum unmittelbaren Lebensumfeld: Wenn alle Kinder des Einzugsbereichs eines Kindergartens dort tatsächlich mindestens halbtags sind, lernt jedes Kind die soziale Schichtung seines Umfeldes genau kennen, Kinder von Eltern der unterschiedlichsten Ausbildungsrichtungen, Kinder mit verschiedenen Stärken und Schwächen.

Förderung in traditionellen Lern- und Erfahrungsfeldern

Viele traditionelle Angebote und Anregungen der Kindergärten können nach wie vor als bewährt gelten und sollten auch weiterhin angeboten werden, teilweise sollten sie allerdings aktualisiert werden und neuere Entwicklungen einschließen.

So wird das emotional-affektive Verhalten durch Musik- und Bewegungserziehung, durch Rhythmik, Tanz und Lied gefördert, weiterhin durch ästhetische Erziehung, durch Zeichnen, Malen und Werken, durch Turnen, Ballspiele usw. Die besonderen Schwerpunkte machen wichtige Neuerungen erforderlich:

- Aufnahme neuer Texte von zeitgenössischen (und klassischen) Schriftstellern;
- Möglichkeiten zur malerischen Gestaltung auch großer Flächen (z. B. auch von mehreren Kindern) und Aufnahme verschiedener Gestaltungsformen sowie ein Zusammenwirken der verschiedenen Gestaltungsarten;
- Verstärkte Einbeziehung der plastischen Arbeiten (zum Beispiel große Tiere usw.);
- Nutzung von Möglichkeiten, die Angebote in einen größeren Zusammenhang (auch im Sinne des Situationsansatzes) zu stellen, in Projekte einzubinden;
- Angebot von Entspannungsübungen.

Neue Materialien zum Spielen und Lernen, Spielgeräte und Musikinstrumente zeigen einen Wandel an. So finden sich jetzt vermehrt gute Lernspiele in der Spielwarenbranche, die auch im Kindergarten eingesetzt werden sollten.

Förderung des kognitiven Verhaltens

Was in der Öffentlichkeit 1966 als Ruf nach dem Lesenlernen im Kindergarten verstanden wurde, war der Versuch der Initiatoren, eine breite, grundlegende vorschulische Begabungsförderung für alle Kinder zu erreichen. Seit damals gilt jedoch, dass das Lesen im Kindergarten ein Tabu ist, und auch Lernanregungen im mathematischen Bereich werden als verfrüht angesehen. Bei dieser ablehnenden Haltung gegen das Lernen im Kindergarten spielt eine Rolle, dass nach dem Wunsch der Lehrerschaft die Schulanfänger möglichst mit gleichen Voraussetzungen in die Grundschule eintreten sollen. Das erleichtert zwar die methodisch-didaktische Arbeit, entspricht jedoch nicht entwicklungspsychologischen Erkenntnissen. Statt Kinder einander angleichend zu behandeln, sollten die Pädagogen von ihren ganz unterschiedlichen, individuellen Voraussetzungen, ihren Bedürfnissen, Wünschen und Interessen ausgehen.

Lernwege im Kindergarten

Der bevorzugte Lernweg von Kindergartenpädagogen ist das Lernen im und durch das Spiel, das freie Angebot (im Gegensatz zum verpflichtenden Angebot für alle Kinder), das Lernen mit vielseitigen Materialien.

Die folgenden Erfahrungsbereiche und Aktivitäten sollten vermehrt in die Kindergartenarbeit aufgenommen werden:

- Die Kooperation des Kindergartenteams mit den Eltern und den Kindergarten- oder Elternbeiräten sollte gezielt intensiviert werden. Die wenigen Elternabende reichen nicht aus, um eine gute Zusammenarbeit mit den Eltern zu sichern, und der Besuch der Sprechstunden wirkt auf einige Eltern eher abschreckend. Die gemeinsame Bildungs- und Erziehungsaufgabe setzt intensive Kommunikation zwischen allen Beteiligten voraus. Nur so kann auch der Kindergarten mit zum Bewältigen von Krisensituationen beitragen, die in Familien heute deutlicher sichtbar werden als früher (Krankheit oder Tod von Familienmitgliedern, Ehekrisen und Scheidung usw.).
- Eltern sollten mehr in die Arbeit mit Kindern eingebunden werden, sich bei Projekten beteiligen, vermehrt auch an der täglichen Arbeit mit den Kindern mitwirken können, sowohl, um das eigene Kind in der Gruppe besser einschätzen zu können, als auch, um den eigenen Maßstab allgemein zu überprüfen.
- Kleine Kindergruppen sollten interessante Berufsgruppen an ihrem Arbeitsplatz aufsuchen und sich ein Bild von deren Tätigkeit machen. Ebenso sollten Erwachsene (vor allem auch Eltern) wesentlich häufiger in die Kindergartenarbeit einbezogen werden, um von ihren Aufgaben und Tätigkeiten zu erzählen und Kindern bestimmte Arbeitsvorgänge zu erklären. So könnte ein wenig ausgeglichen werden, dass Kinder heute nur noch selten Einblick in die Arbeit ihrer Eltern oder auch anderer Berufsgruppen haben.
- Kindergartenkinder sollten wesentlich intensiver die Einrichtungen des Stadtteils oder der Gemeinde kennen lernen und Gesprächskontakte zu den dort Beschäftigten haben, um ein Ver-

ständnis für das soziale Miteinander zu entwickeln und um mit der politischen und kirchlichen Gemeinde vertraut zu werden.

- In kleineren Gruppen sollten wesentlich häufiger Projekte geplant und durchgeführt werden, die die Kinder auch selbst vorschlagen können, zum Beispiel zum Thema Krankenhaus: Wie sieht ein Krankenhaus innen aus, welche Aufgaben haben die Ärzte und das sonstige Personal dort?

Ein anderes Projekt könnte lauten: Planen und Verwirklichen eines größeren Ausflugs (zum Beispiel auf einen Bauernhof). Dabei werden alle erforderlichen Teilschritte geplant, die Kinder wirken mit an der Planung des Ausflugs und der konkreten Vorbereitung, sie äußern sich auch nachher kritisch zur Realisierung. Oder die Kinder nehmen sich das Projekt «Bemalen einer größeren Wandfläche im Kindergarten» vor. Mit derartigen Projekten soll versucht werden, die Eigeninitiative und Selbstbestimmung der Kinder zu fördern. Wenn sie selbst entscheiden, was sie tun wollen, haben sie auch mehr Interesse und Spaß an der Durchführung.

Zur Situation der Eltern

Abgesehen von der erwünschten Förderung des Kindes im Kindergarten gibt es verschiedene Gründe, die Eltern veranlassen, ihr Kind in einen Kindergarten zu schicken. Dazu gehört vor allem die Voll- oder Teilzeitberufstätigkeit beider Elternteile. Aus beruflichen Gründen sind besonders die Alleinerziehenden auf einen Kindergartenplatz angewiesen.
Bei vielen Kindern, die ohne Geschwister aufwachsen, soll dieser Nachteil durch den Kindergartenbesuch wenigstens teilweise ausgeglichen werden.

Berufstätigkeit von Müttern

Den erlernten Beruf tatsächlich auszuüben und gleichzeitig Mutter sein zu können ist seit Jahren zu einem selbstverständlichen Anliegen vieler Frauen geworden, entweder um sich Unabhängigkeit und Selbstbestimmung zu bewahren wegen des damit verbundenen höheren Selbstwertgefühls, aufgrund der persönlichen familiären Situation oder auch, weil es die finanzielle Lage erfordert.

Gibt es genügend Kindergartenplätze?

Die Quote für den Kindergartenbesuch liegt zur Jahrtausendwende, je nach regionalen Gegebenheiten, bei 70 bis 95 Prozent, für Kinder im Jahr vor der Einschulung sogar noch höher. Auch diese relativ hohe Selbstverständlichkeit des Kindergartenbesuchs ist für Eltern entscheidend, ihr Kind einen Kindergarten besuchen zu lassen: Ihr Kind soll so wie andere Kinder aufwachsen, um gleich gute Voraussetzungen für die Schule und dasselbe Verständnis für das gesellschaftliche Miteinander zu erwerben.

Aufnahmekriterien

In manchen Bundesländern, insbesondere in einigen Ballungszentren, aber auch in kleineren Gemeinden, sind Kindergartenplätze noch nicht für alle Kinder ab drei Jahren (ab dem 37. Lebensmonat) verfügbar. Dann bestimmt die nachgewiesene Dringlichkeit die Reihenfolge der Aufnahme nach folgenden Kriterien:

- allein erziehende Berufstätige,

- berufstätige Eltern (beide ganztags beschäftigt),
- Familien in sozialer Notlage oder wegen dringlicher Integration (z. B. auch ausländische Kinder).

Eltern ohne diese Dringlichkeitssituationen und deren Kinder gehen dann manchmal leer aus. Die Reihenfolge der Anmeldung allein entscheidet selten, obwohl auch dies ein Gesichtspunkt ist.

Rechtsanspruch auf einen Kindergartenplatz

Der Deutsche Bundestag hat in einem Gesetz den Rechtsanspruch auf einen Kindergartenplatz für Kinder ab drei Jahren beschlossen. Das Gesetz trat am 1. 1. 96 in Kraft, wurde allerdings mit einer Übergangsfrist bis 1. 1. 99 für Städte und Gemeinden versehen, die nicht genügend Plätze schaffen konnten. Offen ist, wie der Rechtsanspruch im Einzelnen nach dem 1. 1. 99 eingelöst wird:

- Ist dem Gesetz Genüge geleistet, wenn ein Halbtagsplatz angeboten ist, ein Sechsstundenplatz oder ein Ganztagsplatz?
- Welcher Weg kann dem Kind und den Eltern zugemutet werden: bis drei, bis sechs, bis zehn Kilometer?
- Auch die Qualität des Angebots wurde im Gesetz nicht weiter festgelegt: Ist z. B. zulässig, dass ein Kind als 27. Kind in einer Gruppe geführt wird, wenn eigentlich nur 25 Kinder zulässig sind?

Es gibt bisher noch wenig Gerichtsentscheide zu diesen oder ähnlichen Fragen. Gehen Sie als Mutter oder Vater davon aus, dass Ihrem Kind ein mindestens durchschnittlich guter Kindergartenplatz in zumutbarer Entfernung zur Verfügung stehen muss. In Bayern gilt der Rechtsanspruch nicht wegen eines sog. landesrechtlichen Vorbehalts.

Starten Sie eine Elterninitiative

In den vergangenen Jahren haben sich immer mehr Eltern entschlossen, selbst etwas gegen den Mangel an Kindergartenplätzen und schlecht ausgerüstete Spielplätze zu unternehmen.

Den Anfang machten bereits Mitglieder der linken Studentenbewegung (ab 1968), speziell in Berlin, die die ersten Kinderläden einrichteten. Im Folgenden finden Sie einige konkrete Tipps für den Fall, dass auch Sie ungünstige Bedingungen in Ihrer Wohngegend ändern wollen.
Der Vorteil, der mit dem Start einer Elterninitiative verbunden ist, liegt nicht nur darin, dass Ihr Kind in der Folge einen Kindergartenplatz oder eine Spielwiese hat. Für Sie selbst können dadurch Kontakte zu anderen Eltern entstehen, Ihr Kind lernt andere Kinder kennen, Sie engagieren sich für andere: Das kann die Isolierung, in der man sich möglicherweise als Mutter oder Vater befindet, durchbrechen – man gewinnt also auch für sich selbst an Lebensqualität.
Viele Eltern können mehr erreichen als ein einzelnes Elternpaar. Um gleich gesinnte Eltern zu finden, bieten sich folgende Möglichkeiten an: ein Plakat in einem Laden mit Kontaktadresse oder Treffpunkt, Gespräche mit anderen Eltern am Spielplatz, ein Anschlag im Kindergarten oder in der Gemeindeverwaltung, eine Wurfsendung oder eine Anzeige in der Tageszeitung bzw. in einem Anzeigenblatt.

Zur Entwicklung der Zielvorstellung kann bei einer ersten Besprechung mit den Eltern gemeinsam überlegt werden, welcher Bedarf vorliegt bzw. wie der Bedarf genauer erfasst werden kann. Sobald dazu klare Vorstellungen erarbeitet sind, kann der nächste Schritt folgen: Auf welche Weise lässt sich die Zielvorstellung am besten realisieren?

Die folgenden Überlegungen können dabei hilfreich sein:

Gründung eines privaten Kindergartens: Besuchen Sie einige Privatkindergärten und bitten Sie um Hinweise, was bei der Gründung zu beachten ist, z. B. hinsichtlich eines günstigen Personalschlüssels. Die beteiligten Eltern gründen einen gemeinnützigen Verein, der der Träger des privaten Kindergartens wird. Vor der Festlegung der Vereinssatzung sollten Sie mit der Gemeinde (Bürgermeister), den Kirchenverwaltungen oder den Wohlfahrtsverbänden (Arbeiterwohlfahrt, Deutscher Caritasverband, Deutsches Rotes Kreuz oder Diakonisches Werk) Gespräche wegen eventueller Zuschüsse führen und geeignete Räumlichkeiten anmieten.

Gründung eines Eltern-Kinder-Spielkreises: Dabei betreuen alle Eltern abwechselnd die Kindergruppe. Es sollten feste Betreuungszeiten und -orte vereinbart werden.
Es besteht auch die Möglichkeit, dass Eltern, die sich an der Betreuung nicht beteiligen können, einen Beitrag entrichten, sodass eventuell eine zusätzliche Betreuerin (Erzieherin mit Erfahrung, Sozialpädagogin) engagiert werden kann. Die Betreuung erfolgt im Übrigen kostenlos.
Es wird eventuell gemeinsam eine Wohnung gemietet; vielleicht stellt Ihnen auch eine der oben genannten gemeinnützigen Organisationen geeignete Räume zur Verfügung.
Wenn Sie einen privaten Kindergarten oder einen Eltern-Kinder-Spielkreis gründen, sollten Sie sich zuvor auch über den Erziehungsstil gründlich aussprechen. Auch die Versicherungsfragen (für Kinder, Betreuer, Einrichtungen usw.) müssen geklärt werden.

Aufbau und Gestaltung eines Spielplatzes: Bei der Suche nach einem geeigneten Grundstück kann Ihnen die Gemeinde eventuell helfen. Versuchen Sie es aber auch mit Annoncen in der Lokalzeitung. Vielleicht findet sich eine Baulücke, die noch einige Jahre frei bleibt. Über die Gemeindeverwaltung erfahren Sie Adressen von Geräteherstellern, bei denen Sie Klettergerüste, Rutsche usw. bestellen können. Viel kann von den Eltern selbst angefertigt werden (vor allem, wenn sich unter ihnen einige Handwerker befinden): Sandkästen, ein Robinsonhaus (das zugleich Schutz gegen Regen bietet), eine Toilette, Sitzgelegenheiten usw. Die Sicherheit aller Geräte und Einrichtungen sollte geprüft werden (zum Beispiel vom TÜV).

Psychische Entwicklung

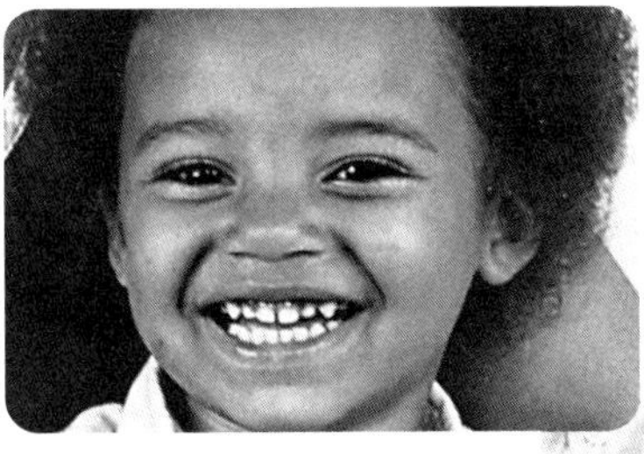

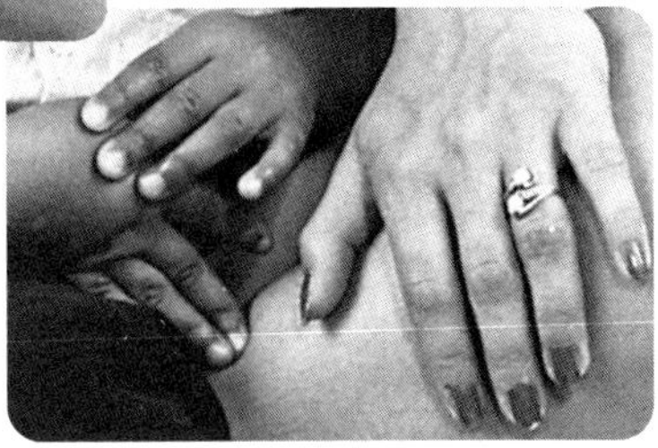

Erwachsene können die psychische Entwicklung von Kindern außerordentlich beeinflussen. Miteinander lachen und fröhlich sein, aufeinander bezogenes Handeln und Sympathie tragen dazu wesentlich bei. Damit ist die Annahme des Vorbilds, müheloses Nachahmen und Lernen gegeben.

Was Dreijährige alles können

Beginn des Vorschulalters

In diesem Lebensjahr verliert Ihr Kind seine kleinkindhaften Züge im Verhalten, in der Sprache und den Bewegungen. Es hat inzwischen erfahren und erkannt, dass es ein Individuum, ein selbständiges Wesen ist.

Von jetzt an sucht es – allerdings weitgehend unbewusst – immer mehr danach, was und wie es werden will. Dabei dienen natürlich die engsten Bezugspersonen als Vorbild. Es will so werden wie sie; es identifiziert sich mit ihnen. Ihre Anerkennung und ihr Lob bedeuten ihm sehr viel. Es ist stolz darauf, groß und einsichtig zu sein. Deshalb lässt es sich jetzt leicht auf sozial verantwortliches Verhalten hinlenken.

Außerdem ist es nun fähig zu planen, Ziele ausdauernd zu verfolgen und sich dafür auch anzustrengen. So kann es zu bewussteren Formen des Lernens und Arbeitens allein und in der Gruppe übergehen. Dabei lernt es sowohl die Zusammenarbeit als auch die Erprobung der eigenen Leistung im Wettstreit mit anderen.
Die vielen «Warum»-Fragen des Kindes zeigen, dass es neues Wissen ansammeln und altes in neue Zusammenhänge bringen möchte. Es beginnt, Sachverhalte und Dinge zu durchdenken, auf die es früher rein gefühlsmäßig reagierte.

Eine weitere Voraussetzung für planvolleres Lernen ist die neue Fähigkeit des Kindes, seine Bedürfnisse für kurze Zeit zurückzustellen.

Raum- und Zeitwahrnehmung

Der sensorische Apparat des Kindes entwickelt sich in diesem Jahr bis zu

seiner endgültigen Leistungsfähigkeit. Tiefen- und Entfernungssehen sind nun dem des Erwachsenen sehr ähnlich.
Dennoch gibt es Unterschiede. Sie beruhen aber nicht auf der mangelnden Fähigkeit zur differenzierten Aufnahme der Reize, sondern sie betreffen die Verarbeitung der einfließenden Informationen: Das Kind beobachtet noch nicht nach den gleichen Gesichtspunkten wie Erwachsene. Es nimmt in erster Linie das ihm Bedeutsame wahr, weniger die objektiv wichtigen Merkmale. So ist auch sein Raumerleben anders als das der Erwachsenen.

Die vertraute Umgebung erscheint dem Kind größer als dem Erwachsenen (sein eigener kleiner Körper ist ihm dabei Bezugssystem). Sie wird noch nicht durch den ständigen Vergleich mit größeren Entfernungen relativiert. In seinem kleinen Kreis orientiert es sich aber sehr genau und bemerkt oft Dinge, die uns entgehen. Manche Kinder verfügen über eine so plastische Vorstellung davon, dass sie vertraute Räumlichkeiten und Wege deutlich beschreiben können, auch wenn sie diese im Augenblick gar nicht sehen. Auf nicht allzu große Distanz kann das Kind Abstände gut einschätzen. Es hat gelernt, dass weiter entfernte Dinge zwar klein aussehen, aber in Wirklichkeit ihre Größe behalten. Das gilt allerdings nur bis zu einer Entfernung von rund 500 Metern.

Aus Kinderzeichnungen lässt sich ersehen, dass Kinder Objekte noch mehrere Jahre nicht perspektivisch darstellen können. Die Größe der dargestellten Gegenstände ist von deren Bedeutung für das Kind abhängig. Es reiht sie nebeneinander auf oder staffelt sie hintereinander. Die Orientierung auf einen «Fluchtpunkt» hin, also die perspektivische Darstellung, ist etwa vom achten Lebensjahr an möglich.

Die Zeitempfindung wird immer genauer. Im vergangenen Jahr unterschied das Kind nur zwischen Gegenwart und Nichtgegenwart. Zukunft und Vergangenheit konnte es nur vage auseinander halten. Zu Beginn des vierten Lebensjahres erkennt es die Periodizität von Zeitabläufen. Es kann die Begriffe «gestern», «heute» und «morgen» bestimmten Tagen zuordnen und weiß, dass die Wochentage in einem regelmäßigen Turnus wiederkehren, ebenso wie Tag und Nacht und die Jahreszeiten. Es strebt von sich aus nach einer Klärung der Zeitbegriffe und kann seine Erlebnisse schon besser nach ihrer Chronologie ordnen. Emotional bedeutsame Ereignisse (Feste wie Weihnachten und der Geburtstag, z. B. der Besuch bei den Großeltern) und die wiederkehrenden täglichen Abläufe helfen ihm dabei.

Wie die Erwachsenen, so empfinden auch Kinder – allerdings in noch stärkerem Maß – die angenehm verlaufende Zeit als kurz. Deshalb fällt es ihnen zum Beispiel auch so schwer, sich vom Spielplatz zu trennen. Denn sie meinen noch nach zwei Stunden, dass sie doch gerade erst so richtig mit dem Spielen begonnen haben. Wenn Kinder dagegen Langeweile haben, scheint für sie die Zeit überhaupt nicht enden zu wollen. Darum werden sie rasch ungeduldig, wenn sie auf etwas warten sollen oder wenn sie untätig sein müssen.

Das Kind begreift jetzt, dass auch Jugend und Alter mit dem Ablauf der Zeit zusammenhängen. Es versteht, dass es einmal ein kleines Baby war und später so groß wie die Eltern sein wird. Auch mit dem Tod setzt es sich nun auseinander und bringt ihn mit hohem Alter in Verbindung. Die Unabänderlichkeit des Todes ist ihm nicht klar, es ängstigt sich zunächst nicht vor ihm. Erste Erfahrungen mit dem Tod sammeln Kinder häufiger beim Ableben eines Haustiers, eines Hamsters, Meerschweinchens oder einer Katze als durch den Tod von Verwandten. Diese Ereignisse sollten intensiv, umsichtig und einfühlsam zu einer Auseinandersetzung mit dem Tod genutzt werden.

Gedächtnis, Denken, Lernen

Die Steuerung des Denkens und Handelns gelingt dem Kind jetzt immer besser. Viele bildhafte Vorstellungen sind nun im Gedächtnis gespeichert und können willentlich reproduziert werden.
Auch an eindrucksvolle Ereignisse, die schon sehr lange zurückliegen, kann sich das Kind zum Teil bis in erstaunlich viele Einzelheiten erinnern. (Schon zu Beginn des vierten Lebensjahres beträgt die Zeitspanne der Erinnerung für ausgewählte Ereignisse etwa ein Jahr.)

Das Kurzzeitgedächtnis wächst von drei auf vier Einheiten zum Ende des Jahres, das Kind kann dann zum Beispiel vier vorgesagte sinnlose Silben oder Zahlen unmittelbar nach dem Hören richtig wiederholen. Im sprachlichen Lernbereich bildet es bereits Techniken, um sich Kinderreime, Gedichte oder Märchen bewusst einzuprägen. Voraussetzung dafür ist, dass es den Inhalt interessant findet.

Bei Spielen, für die Denkleistungen erforderlich sind, lernt es leicht. Kommen Farbdifferenzierungen z. B. in Detektiv- oder anderen Spielen vor, spielt es begeistert mit und lernt nebenbei die Farben. Es ist immer glücklich, wenn es etwas richtig rät, und löst auch schon gern einfache Rätsel. (Wenn es allerdings den Sinn von Farbunterscheidungen nicht einsieht, wird es dabei kaum Lernfortschritte machen.)

Im vergangenen Jahr drängte das Kind noch auf eine häufige Wiederholung des Bekannten beim Lernen, bis die Übung zur sicheren Beherrschung führte. Doch nun ist es für alles Neue auch dann sehr aufgeschlossen, wenn dabei Umstellung und Weiterlernen erforderlich sind. Es will ständig lernen und alles wissen.

Diese Phase wird deshalb häufig auch das zweite Fragealter genannt. An die Stelle der Frage «Was ist das?» (nach dem Namen der Gegenstände) tritt nun die Frage: «Warum (ist das so)?» Das Kind möchte den Grund der Dinge und die Zusammenhänge erfassen. Dabei geht es ihm natürlich nicht um die Anhäufung von Wissen als Selbstzweck, sondern um eine genauere Orientierung in seiner Umgebung. Sie verleiht ihm Verhaltenssicherheit und damit auch emotionale Sicherheit. In diesem Orientierungsbedürfnis möchte es ernst genommen werden. Detaillierte, allzu wissenschaftliche Antworten nützen ihm nichts.

Beantworten Sie die Fragen Ihres Kindes also so, dass es die Informationen verständlich in sein Weltbild einordnen kann und bei ihm das Gefühl entsteht: «Aha! So ist das also!» Keinesfalls sollten Sie natürlich unstimmige, vermeintlich kindgemäße Erklärungen liefern, die nur Verwirrung stiften und später wieder richtig gestellt werden müssen.

Die Antworten müssen kurz sein und das Wesentliche beinhalten (und inhaltlich richtig sein).

Das Kind hat nun auch eine gewisse Distanz zu den Dingen und möchte seinen eigenen Standpunkt finden. Es denkt viel nach, zieht Schlussfolgerungen und fragt dann manchmal etwas, was uns absurd erscheint, wie: «Warum fließt durch unseren Garten kein Bach?», oder: «Warum fällt der Mond nicht vom Himmel?» Diese Fragen sind vom Standpunkt des Kindes aus nicht unlogisch. Es hat ja gelernt, dass alles einen Sinn und Zweck hat. Deshalb erscheinen ihm alle Dinge absichtlich so geschaffen, wie sie sind. Warum also fließt kein Bach im Garten? Das Unabänderliche mancher Erscheinungen erfasst es nicht. Ebenso kann es mit dem Begriff des Zufalls noch wenig anfangen.

Neben den Fragen aus dem Bereich der Naturwissenschaften interessiert es sich zunehmend auch für psychologische Hintergründe. Es will wissen, warum die Menschen so handeln, wie sie handeln, welche Beweggründe sie haben. Es denkt über Verhaltensweisen anderer Kinder nach und fragt sich zum Beispiel, warum ein Kind weint oder warum ein Kind ein anderes schlägt.

Auch Handlungen, die es bisher einfach ausführte, weil sie ihm so gezeigt wurden, werden nun Gegenstand des Nachdenkens. Warum gibt man sich die Hand bei der Begrüßung? Warum isst man nicht vom Boden? Bei manchen dieser Fragen zögern wir mit der Antwort, weil wir uns noch nie Gedanken darüber gemacht haben. Nachdenken und Fragen sind ein Zeichen dafür, dass das Kind immer mehr verborgene Ursachen hinter den äußeren Erscheinungen herausfindet. Das nur Gedachte oder Vorgestellte gewinnt an Bedeutung.

Vorstellungs- und Phantasiewelt werden reicher und stärker mit Gefühlen besetzt. Das zeigt sich zum Beispiel im differenzierten Rollenspiel. So erfindet das Kind jetzt selbst Geschichten. Unbefangen setzt es dabei Erdachtes an die Stelle der objektiven Realität.

Sprach- und Sprechentwicklung

Die Sprache übernimmt nun immer mehr die Funktionen, die sie auch beim Erwachsenen hat. Mit ihr drückt das Kind seine Bedürfnisse aus, teilt seine Erfahrungen mit, stellt seine Erlebnisse dar und bemächtigt sich seiner Umwelt.

Die Monologe, mit denen es seine Handlungen bisher begleitete, treten zurück, bald führt es seine Aktivitäten überwiegend schweigend aus. Der Denkakt muss nicht mehr laut geäußert werden. Im Übergangsstadium kann man aber das Kind manchmal vor sich hin flüstern hören. Auch die begleitenden und erklärenden Gesten werden seltener. Früher sagte es einfach: «Das macht man so!», und führte dann den entsprechenden Handgriff vor, weil es ihn nicht beschreiben konnte. Jetzt jedoch bemüht sich das Kind um eine verständliche sprachliche Erklärung. Selbst aggressive Gefühle werden nun zunehmend durch die Sprache ausgedrückt: durch Schimpfworte.

Für verständliches und zusammenhängendes Sprechen nimmt das Kind viele neue Begriffe in seinen Wortschatz auf. Gegen Ende des Jahres beherrscht es zwischen 1200 und 2000 Wörter.

Wenn ihm ein Wort fehlt, erfindet es oft verblüffend treffende Bezeichnungen. So verwandelt es Tätigkeitswörter in Hauptwörter (zum Beispiel «Schreibe» statt Bleistift), oder es nimmt ein vertrautes Wort und verbindet es mit einem anderen, um das Gemeinte zu verdeutlichen (Auto-Haus für Garage).

Beim Satzbau bemüht sich das Kind zunehmend, grammatikalisch richtig zu sprechen. Es korrigiert sich dabei gelegentlich selbst. Seine Sätze bildet es nach ihm bereits bekannten Mustern. Dabei unterlaufen ihm natürlich noch viele Fehler. Zu ihnen gehört die weit verbreitete Bevorzugung der «schwachen Beugung» bei Tätigkeitswörtern (zum Beispiel «gestehlt» statt «gestohlen»). Solche Formen werden noch lange beibehalten.

Beim Sprechenlernen imitiert das Kind nicht einfach den Erwachsenen. Das zeigt sich daran, dass es Sätze formulieren kann, die es nie zuvor gehört hat. Es kennt also mittlerweile viele Gesetzmäßigkeiten in der Sprache und wendet sie an. Viele Fehler erklären sich dadurch, dass das Kind Regeln anwendet, wo im Sprachgebrauch Unregelmäßigkeiten bestehen.

Im Laufe des Jahres lernt es, wichtige grammatikalische Formen wie die Beugung von Hauptwörtern (auch in der Mehrzahl) und der Tätigkeitswörter (auch in der Vergangenheit) und die Satzgliederung sicherer zu gebrauchen. Mit etwa dreieinhalb Jahren ist die Phase der Kurzsätze mit drei bis vier Wörtern abgeschlossen. Die Sätze können nun sechs bis acht Wörter enthalten. Mit vier Jahren beherrscht das Kind schon sehr viele Satztypen, wenn in der Familie gern und differenziert gesprochen wird.

Emotionales und soziales Verhalten

Die Phase der trotzigen Ablehnung der elterlichen Vorschläge und Gebote wird in diesem Jahr langsam abklingen, sofern sie nicht durch ungünstige Verhaltensweisen der Eltern zu einer Dauerhaltung des Kindes geworden sind.

Das Kind entdeckt, dass es nicht nur die Alternative «Entweder ich setze mich durch oder die Erwachsenen!» gibt. Es sieht ein, dass ein Übereinkommen befriedigender ist. Das erfordert von allen Beteiligten – vor allem aber von den Eltern, die mehr Überblick und Distanz haben – ein einsichtiges Sich-aufeinander-Einstellen, die Bereitschaft zu Kompromissen und gelegentlich auch das Verschieben der eigenen Wünsche auf einen späteren Zeitpunkt. Diese sozialen Leistungen werden durch die fortschreitende Sprechentwicklung, durch die Fähigkeit, Zusammenhänge zu begreifen, und durch geeignete Verhaltensmodelle in der Familie gefördert.

Das Kind gewinnt jetzt mehr Distanz zu seiner unmittelbaren Umgebung. Es wird in seinen Vorstellungen und Gefühlen durch das Denken geleitet. Danach verändert sich auch sein emotionales Verhalten. Es kann sich schon auf Dinge freuen, die in (naher) Zukunft eintreten werden. Es ist sogar bereit, auch einmal etwas Unbefriedigendes in Kauf zu nehmen, wenn es den Nutzen oder die daraus resultierende (spätere) Befriedigung einsieht. Es erlebt Lob und Anerkennung als Zeichen der kontinuierlichen Zuneigung: «Wenn ich nicht anerkannt werde, sind die Eltern böse auf mich.»

So übernimmt es oft die Wertvorstellungen und Wünsche der Eltern auch dann, wenn sie seinen eigenen

Interessen nicht entsprechen. Gleichzeitig entdeckt es aber auch, dass es durch Lügen möglicherweise einen Tadel vermeiden kann. Weil es die Werthaltungen der Erwachsenen in sich aufgenommen hat, zeigt es in diesen Fällen Schuldgefühle, es hat ein schlechtes Gewissen.

Vor allem der gleichgeschlechtliche Elternteil ist sein Vorbild. Dies ist eine notwendige Voraussetzung zum Finden der eigenen Geschlechtsrolle. Es möchte die Rolle des Vaters bzw. der Mutter übernehmen, auch in der sexuellen Beziehung zum anderen Elternteil. Der sich mit dem Vater identifizierende Junge umwirbt die Mutter, das Mädchen den Vater.

So wird gleichzeitig der gleichgeschlechtliche Elternteil zum Rivalen. Neben die positiven Gefühlsregungen ihm gegenüber treten auch aggressive Einstellungen. Aus diesem Konflikt können schwere Schuldgefühle entstehen, wenn das Kind zurückgewiesen oder gar für seine Haltung bestraft wird (in unserer Gesellschaft werden sexuelle Handlungen von Kindern bis zum Alter von zwölf bis 15 Jahren oft immer noch verdrängt, geflissentlich übersehen und abgelehnt). Zu den Schuldgefühlen gesellen sich zeitweise Unterlegenheitsgefühle, da das Kind zwangsläufig mit seinem Werbeverhalten scheitern muss. Wie Sie Ihrem Kind diese schwierige Situation erleichtern und ihm eine positive Einstellung zum eigenen Geschlecht vermitteln können, lesen Sie ab S. 67.

Immer öfter kommt das Kind jetzt auch ohne die Eltern aus und sucht stattdessen die Gesellschaft anderer Kinder. Ihre Freundschaft ist ihm sehr wichtig. Es kann sich leicht in eine Gruppe einfügen und mit ihr ein gemeinsames Ziel verfolgen. In der Gemeinschaft des Kindergartens erhält es jetzt viele Anregungen und erlernt neue soziale Verhaltensweisen.

Erziehungsaufgaben im vierten Lebensjahr

Eine schwierige Aufgabe für alle Eltern ist die Entscheidung zwischen mehr oder weniger Eingreifen, zwischen Anleiten durch den Erwachsenen und Zulassen der freien Entwicklung bzw. des Selbstaktiv-Seins seitens des Kindes (in der pädagogischen Theorie die Frage nach Führen oder Wachsenlassen). Der Psychologe Piaget hat bei seinen Untersuchungen oft eine interessante Art des Befragens angewandt, die auch zu diesem Entscheidungsproblem Stellung nimmt:

Durch Fragen zu Antworten anregen

Piagets Untersuchungsmethode ist nach Montada zugleich eine ideale Form des Unterrichtens: «Probleme werden gestellt, aber keine Lösungen durchgesetzt oder auf oberflächlichem Niveau automatisiert. Der Erwachsene beginnt mit einer Frage zu einem Phänomen oder einem Problem, die zu Lösungen oder Lösungsversuchen führt, die ihrerseits Anlass geben, die Lernenden mit Alternativen oder gegenteiligen Meinungen zu konfrontieren, Implikationen der Antworten aufzuzeigen und zu erfragen, Begründungen herauszulocken und damit die Problemlage und den Lösungsversuch zu klären.» *(Oerter u. Montada 1995, S. 559)*

Mit anderen Worten: Wenn schon Anleiten, dann so, dass der Lernende dabei aktiv sein muss – das sichert die Beteiligung, das Interesse und das Einprägen mehr, als wenn Routinetechniken zur Lösung übermittelt werden.

Streben nach Leistung und Anerkennung

Der Wunsch des Kindes nach Zuwendung verändert sich in diesem Alter deutlich. Nun genügt es ihm nicht mehr, nur um seiner selbst willen geliebt zu werden. Es möchte jetzt auch wegen seiner Fähigkeiten, seiner Fertigkeiten und seines Verhaltens geschätzt werden. Es will andere beeindrucken und in seinen Anstrengungen bestätigt werden (vorausgesetzt, dass seine Eltern Leistung selbst für wichtig halten und darin Vorbild sind).

In dieser Phase lernt das Kind, wie man sich Anerkennung erwirbt. Es erfährt, dass weder Schüchternheit noch Angeberei und Clownerien angemessene Verhaltensweisen sind. Zu ehrgeizige Kinder, die auf Dauer ihre Erfolge auf Kosten anderer Kinder oder auf Kosten wichtiger eigener Persönlichkeitsbereiche erstreben, werden jetzt schon als Sonderlinge wahrgenommen und abgelehnt.

Schwer haben es Kinder, die ständig dominieren wollen. Sie bringen sich damit um manchen partnerschaftlichen Kontakt. Für die Eltern entstehen also nun ganz neue, schwierige Aufgaben. Sie müssen sich jetzt in ihr Kind einfühlen, um bestimmte unerwünschte Verhaltensweisen in Bahnen zu lenken, die soziales Verhalten möglich machen. Manche Drei- bis Vierjährige sind häufig noch übermäßig aggressiv, unrealistisch in ihrer Selbsteinschätzung und neigen zu prahlerischen Übertreibungen.

Die elterliche Lenkung darf nicht auf der Basis von ständiger Kritik oder von Sanktionen erfolgen. Das Kind spürt selbst seine Unzulänglichkeit und leidet darunter. Es ist betrübt, wenn es einen Fehler gemacht hat, und braucht dann tröstende, ermunternde Worte anstelle von Kritik.

So paradox es klingt: Gerade durch Anerkennung und Lob wird eine realistische Selbsteinschätzung erreicht. Natürlich ist damit kein undifferenziertes Lob gemeint, das grundsätzlich alles gutheißt, was das Kind macht. Doch immer, wenn man den guten Willen spürt, sollte die Anerkennung nicht ausbleiben, denn er steht noch oft für die Tat. Es wäre falsch, hier nur das Ergebnis zu bewerten.

Das Kind entwickelt ganz von sich aus Freude an der aktiven Auseinandersetzung mit der Umwelt. Es müht sich bereitwillig mit Schwierigkeiten ab und ist sehr stolz, wenn

es etwas geschafft hat (auch wenn es in den Augen der Erwachsenen nur unvollkommen ist).

Um diese Bereitschaft zu erhalten, braucht es ein positives Echo, ausreichende Anregungen und intensive Spielpflege. Kritik, Drängen und Ermahnungen zeigen ihm immer nur, was es noch nicht kann, und stellen damit seine gesamte Persönlichkeit in Frage. Als Folge davon wird es seine Versuche mehr und mehr aufgeben und unsicherer oder gänzlich uninteressiert werden.

Förderung der Kreativität

Zwischen drei und viereinhalb Jahren werden die kreativen Fähigkeiten von Kindern deutlicher erkennbar, sie setzen vermehrt ihre Phantasie ein. Beliebte Tätigkeiten sind deshalb malen, kneten, Geschichten erfinden, singen, Rhythmen klatschen oder überraschende Erklärungen für bekannte Tatsachen finden.

In diesem Alter kann jede Neuerung und Neuorientierung des Kindes als Ausdruck kreativen Verhaltens bezeichnet werden. Die Tatsache, dass es eigene Wege im Denken und Handeln einschlägt, ist bedeutsam. Auf das Endergebnis kommt es dabei noch kaum an; ein augenfällig positives Resultat erleichtert dem Kind jedoch die positive Selbsteinschätzung.

Erstgeborene und Einzelkinder sind im Allgemeinen besonders kreativ. Daraus lässt sich schließen, dass für die Entwicklung der Kreativität vor allem die Zuwendung und Bestätigung durch die Erwachsenen gegenüber den Aktivitäten des Kindes entscheidend ist, nicht etwa ein umfangreiches Angebot an Spielmaterialien.
Intensives Interesse an dem, was das Kind macht, gefühlsmäßige Unterstützung und geduldiges Zuhören schaffen ihm die Möglichkeit, durch eigene Initiative und gute Einfälle seinen Handlungsspielraum zu erweitern. Wenn es in seiner Eigeninitiative unterstützt und so behandelt wird, als ob es mit einer Aufgabe selbst fertig werden könnte, arbeitet es mit mehr Ausdauer und Einsatz an der Lösung.

Dagegen wirken Kritik und zu starker Druck auf die schöpferischen Fähigkeiten ungünstig. Das Kind muss seine Ideen aussprechen und verwirklichen können, ohne Angst vor einem Misslingen haben zu müssen. Später kann man immer noch mit ihm darüber sprechen.

Zusätzliche Informationen und Anregungen der Eltern motivieren es zu neuen und genaueren Überlegungen. So lernt es auch, sich selbst zu korrigieren und richtig einzuschätzen. Seine anfangs vielleicht planlosen Phantasien werden also in der Realität verankert, ohne dass es das Gefühl des Versagens erleben muss.

Die Geschlechtsrolle wird bewusst

Die Mutter eines Jungen wird in diesem Jahr voraussichtlich das Versprechen hören: «Mutti, wenn ich groß bin, heirate ich dich. Den Vater brauchen wir nicht!» Und ein Mädchen verkündet vielleicht: «Vati, ich kann viel besser für dich sorgen als die Mutti!»

Das Verhalten der Kinder unterstützt ihre Worte. Jungen bestürmen die Mutter und können dabei recht aufdringlich werden, während der Vater mehr oder weniger übersehen wird. Mädchen umwerben dagegen den Vater und können dabei schon sehr liebevoll, zärtlich oder auch kokett sein. Sie sind dann zur Mutter zeitweise recht ungnädig.

Psychoanalytiker sprechen deshalb von der ödipalen Phase während des vierten bis fünften Lebensjahres. (In der griechischen Sage tötet König Ödipus, der von seinen Eltern als Kind ausgesetzt wurde, nach vielen Jahren unwissentlich seinen Vater und heiratet seine Mutter.)

Manche Eltern reagieren irritiert auf die Heftigkeit sowohl der positiven als auch der negativen Gefühle ihres Kindes. Die Mutter wird verlegen, wenn sie die deutlich sexuelle Erregung im Ansturm ihres Sohnes spürt, und weist ihn vielleicht zu abrupt zurück. Der Vater ist möglicherweise gekränkt über die Eifersucht und den Besitzanspruch des Sohnes an die Mutter, gerade wenn er zuvor ein besonders inniges Verhältnis zu ihm hatte. Für das Verhältnis zwischen Mutter und Tochter gilt das entsprechend mit umgekehrten Vorzeichen.
Auch das Kind ist in einer schwierigen Situation. Durch die Verstärkung der positiven Gefühle zum andersgeschlechtlichen Elternteil gerät es leicht in Konflikt mit dem gleichgeschlechtlichen. Es ist eifersüchtig auf ihn, zugleich liebt es ihn aber. In dieser Situation entstehen leicht Schuldgefühle. Auch sein Selbstbewusstsein wird in dieser Phase beeinträchtigt, da es zwangsläufig den beneideten Partner des bewunderten Elternteils nicht ersetzen kann. Nach einiger Zeit wird es seine Wünsche aufgeben. Dies wird erleichtert, wenn sich der Junge mit dem Vater, das Mädchen mit der Mutter sehr identifizieren: Dann kann jeder hoffen, seine Wünsche später doch zu realisieren, wenn auch mit einem anderen Partner.

Für das Erlernen der weiblichen bzw. männlichen Rolle ist diese Zeit ausschlaggebend. Jetzt fällt eine erste Entscheidung darüber, wie zufrieden Ihr Kind später als Mann oder Frau sein wird und wie seine partnerschaftlichen Beziehungen verlaufen. Vieles hängt davon ab, wie sehr es jetzt als Junge oder Mädchen von Ihnen akzeptiert wird. Außerdem spielt natürlich eine Rolle, wieweit der Vater oder die Mutter nachahmenswertes Vorbild sind und welches Verhältnis die Eltern zu ihrer eigenen Geschlechtsrolle haben.

Eine Mutter sollte also die Anträge ihres Sohnes nicht lächerlich machen, sondern seine männlichen Bemühungen unterstützen. Der Vater sollte sich in dieser Zeit auch in-

tensiv um seinen Sohn kümmern und die aggressiven Äußerungen tolerant entgegennehmen. So vermeidet er Schuldgefühle beim Kind. Als Strafe für seine verbotenen sexuellen Wünsche gegenüber der Mutter und die aggressiven Regungen gegenüber dem Vater fürchtet ein Junge z. B., seinen Penis zu verlieren, der ihm jetzt schon wichtig ist, wenn entsprechende unpassende, scherzhafte Drohungen geäußert werden.

Zur Tochter sollte der Vater jetzt besonders liebevoll und zärtlich sein und sie als Mädchen bestärken. Gleichzeitig sollte er zur Mutter für seine Tochter erkennbar freundlich und partnerschaftlich sein, damit sie die spätere Frauenrolle als erstrebenswert empfindet. Das Kind muss also seine sexuellen und zärtlichen Impulse möglichst angstfrei an den gegengeschlechtlichen Elternteil herantragen dürfen und darin akzeptiert werden. Sie sollten

allerdings auch nicht durch zu großes Entgegenkommen zusätzlich angeregt werden.
Diese Gefahr besteht zum Beispiel bei einer Mutter, die unausgelastet oder sexuell enttäuscht ist und nun durch zu viel Intimität den Sohn übermäßig an sich bindet. Er wird so später Schwierigkeiten haben, sich einer anderen Frau zuzuwenden. Andererseits bleibt auch eine vom Vater verzärtelte Tochter unreif und hat es schwer, später zu positiven Beziehungen zu finden. Sie zeigt sich kindlich und kann sich nicht mit reifer Sexualität einem männlichen Partner zuwenden.

Beziehungen zu anderen Kindern

Häufige und gute Kontakte zu anderen Kindern schwächen eine derartige Abhängigkeit von den Eltern ab. Das Kind strebt von sich aus nach der Gruppensituation, die Eltern sollten das in jeder Weise unterstützen. Es kann gleichzeitig mit zwei oder mehreren Kindern umgehen und sinnvoll spielen. Auch Geschwister werden oft erst jetzt wirklich interessant. Dennoch sollten die Eltern keinen Druck ausüben, um die Geschwister zum gemeinsamen Spielen zu bringen, sondern für Kontakt zu anderen Kindern sorgen. Im Kindergarten, mit Nach-

Meine Gruppe ist die beste!

In einer Studie wurde die Beziehung von drei- bis neunjährigen Kindern zu ihrer Bezugsgruppe untersucht. Bei einem Wettbewerb (Eierlaufen) bewerteten sich die dreijährigen Kinder «gefühlsmäßig niedriger (weniger glücklich), wenn sie zur langsameren Gruppe gehörten ...». Aber: «Die eigene Gruppe wurde immer als glücklicher oder zufriedener eingestuft als die Gegengruppe, ganz gleich, ob sie zu den Gewinnern oder den Verlierern gehörte. Während die Mädchen bereits mit 3 Jahren die stärkste Favorisierung der eigenen Gruppe vornahmen, folgten die Jungen erst mit 5 und 7 Jahren dieser Bewertungsverzerrung. Da es sich dabei aber um den Vorgang der Identifikation mit der eigenen Gruppe handelt, dürften die Mädchen einen Entwicklungsvorsprung gegenüber den Jungen aufweisen.»
(Oerter u. Montada 1995, S. 298)

barskindern und auf dem Spielplatz kann das Kind sehr vielseitige und unterschiedliche Möglichkeiten der Verständigung mit anderen praktizieren.

Die Studie zeigt drei interessante Befunde:

– Kinder identifizieren sich bereits in einem hohen Ausmaß mit einer Bezugsgruppe.
– Drei- und vierjährige Mädchen sind in ihrer sozialen Entwicklung den gleich alten Jungen wesentlich voraus.
– Erst fünf- bis siebenjährige Jungen erreichen einen sozialen Entwicklungsstand, der dem von drei- und vierjährigen Mädchen entspricht.

Wenngleich die Unterschiede zwischen drei- und vierjährigen Jungen und Mädchen in diesem Bereich sehr beachtlich sind, gibt es natürlich in vielen anderen Bereichen geringe oder keine Unterschiede. Das Untersuchungsergebnis sollte Eltern veranlassen, die Unterschiede zum Anlass für eigenes genaues Beobachten zu nehmen: Die individuellen Unterschiede zwischen Kindern sind mindestens so interessant wie Kunstwerke in einem Museum!

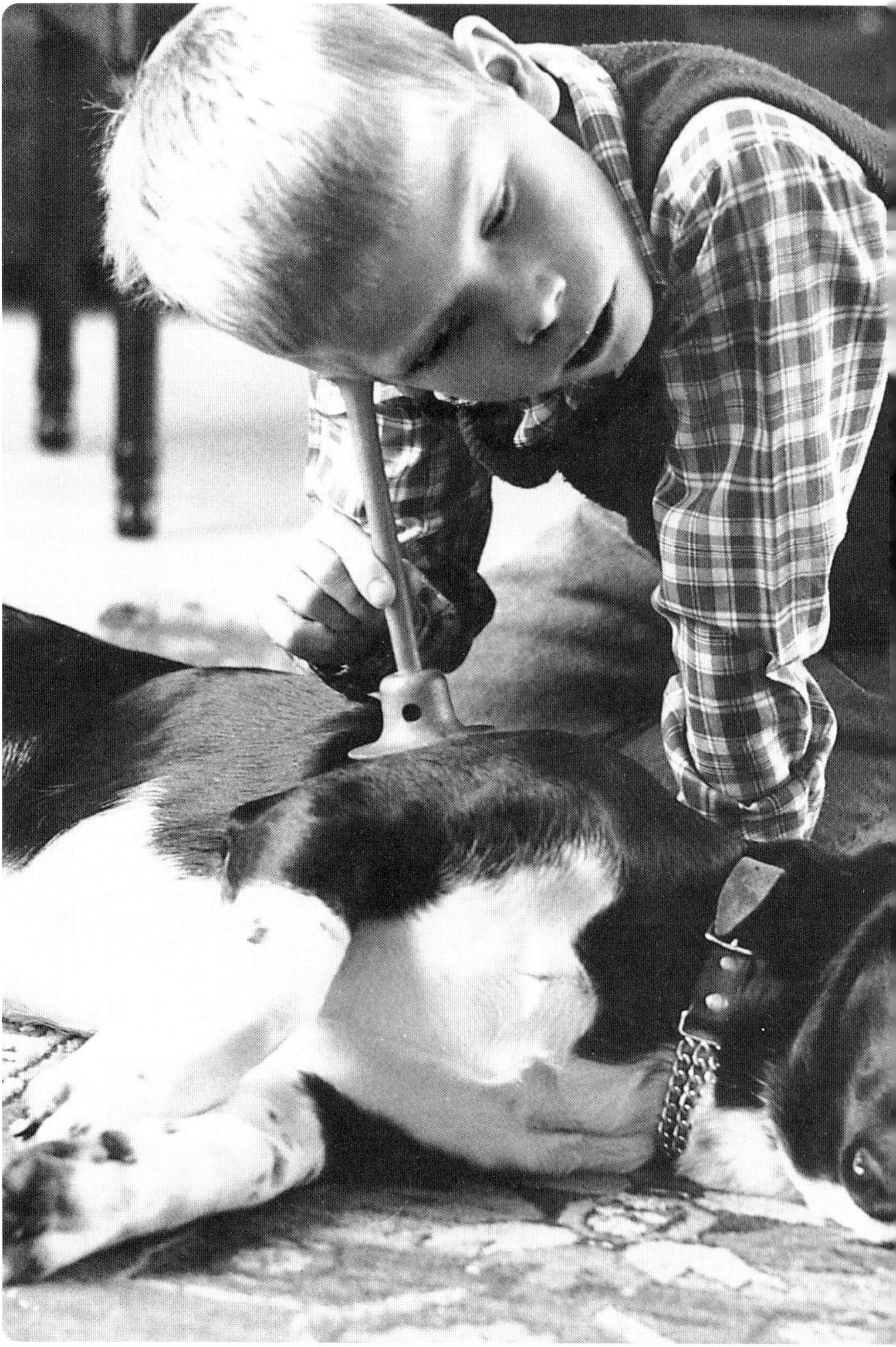

Verhaltensauffälligkeiten und -störungen

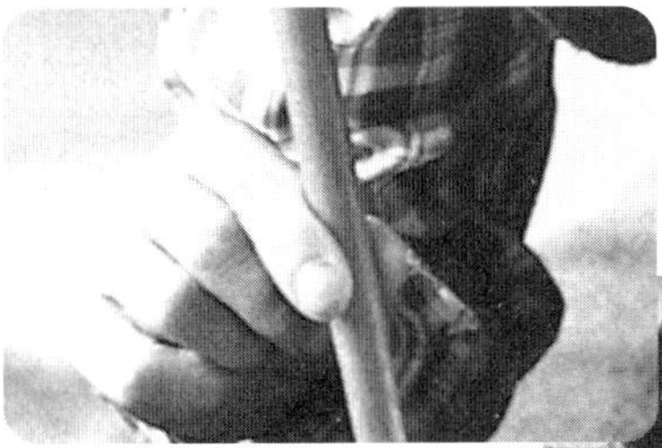

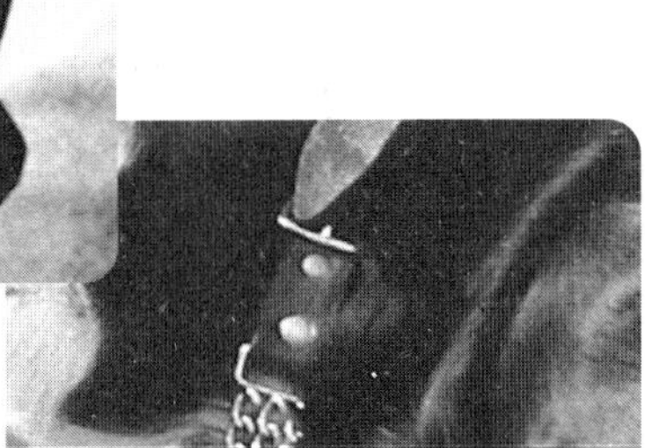

Der Blick in die Zukunft ist uns weitgehend verschlossen. Besondere Interessen, wie sie dieser junge Forscher zeigt, und auffällige Neigungen geben jedoch mitunter schon gewisse Hinweise auf den späteren Werdegang.

Auswirkungen ungünstiger Eltern-Verhaltensweisen

Das letzte Kapitel machte deutlich, wie stark das Erleben und Verhalten des Kindes durch die Eltern bzw. die Familie geprägt werden. Entsprechend gilt: Auffälliges Verhalten des Kindes ist somit häufig von den nächsten Bezugspersonen mitbestimmt oder wird sogar durch sie verursacht.

Der Ursprung ist eher selten in einmaligen ungünstigen (traumatischen) Erlebnissen oder Erfahrungen zu suchen; diese frühere Auffassung der Psychoanalyse wird aufgrund der neueren Forschung nicht mehr aufrechterhalten. Es sind vielmehr die andauernden, meist kleineren Beeinträchtigungen durch ein ungünstiges Entwicklungsklima, die zu Verhaltensauffälligkeiten oder -störungen führen.
Man hat gerade in letzter Zeit weitere Einsichten über günstige und ungünstige Erziehungspraktiken gewonnen, die den Grundstein für eine wirksame Vorbeugung (Prävention) gegen Verhaltensauffälligkeiten und -störungen bilden.
Die entsprechende Aufklärung, das Wissen allein, führt allerdings nicht selbstverständlich auch zum richtigen Handeln. Dafür gibt es viele Gründe. Kluften zwischen Wissen, Einstellungen und elterlichem Handeln können nur selten ohne Hilfestellung überbrückt werden. Man denke nur daran, wie gute Vorsätze in typischen Situationen immer wieder über den Haufen geworfen werden:

- Dem wegen beruflicher Konflikte überreizten Vater rutscht trotz aller Liebe gelegentlich die Hand aus. Dabei weiß er genau, dass körperliche Strafen ein schlechtes Erziehungsmittel sind.
- Die ängstliche Mutter wird ihr Kind immer wieder einengen, selbst wenn sie sich bewusst macht, dass es eigentlich viel mit anderen Kindern herumtoben sollte.
- Durch übertriebene Großzügig-

keit – nachgeben und erlauben – kaschieren die Eltern ihre eigene Bequemlichkeit oder die Vernachlässigung des Kindes.

Diese Beispiele zeigen: Auch die selbst gesetzten Erziehungsregeln werden aus ganz verschiedenen Motiven häufig nicht befolgt. Das Kind reagiert sowohl auf das offen sichtbare Verhalten als auch auf die zugrunde liegende Einstellung der Eltern. So bestimmt die individuelle Persönlichkeitsstruktur der Eltern, ihre Wünsche, Bedürfnisse, Interessen und Ängste, die Art und Weise der Erziehung.

> Der Psychoanalytiker H. E. Richter hat schon in einer lange zurückliegenden Arbeit (1971) auf einen zusätzlichen Aspekt aufmerksam gemacht. Auf die Rolle, die dem Kind in der Familie zukommt, geht er unter anderem mit den folgenden Worten ein: «Je mehr Eltern unter dem Druck eigener ungelöster Konflikte leiden, umso eher pflegen sie – wenn auch unbewusst – danach zu streben, dem Kind eine Rolle vorzuschreiben, die vorzugsweise ihrer eigenen Konfliktentlastung dient. Ohne sich darüber recht klar zu sein, belasten sie das Kind mit den unbewältigten Problemen ihres Lebens und hoffen, sich mit seiner Hilfe ihr Los zu erleichtern.» (*Richter 1971, S. 16*)

Ungünstige Erziehungshaltungen

Wie Untersuchungen ergeben haben, zeigen Eltern trotz gleicher Information über geeignete Erziehungsverhaltensweisen und -stile ein unterschiedliches Verhalten dem Kind gegenüber, das durch die eigene Biographie bedingt ist: So ist die eine Mutter besonders streng, weil sie sich an das Vorbild der eigenen strengen Mutter hält. Eine andere, ebenfalls streng erzogene Mutter erzieht ihr Kind aus Protest gegen die eigenen Kindheitserfahrungen besonders nachgiebig.

> **!** Wenn Eltern die Beweggründe ihres Handelns erkennen, fällt es ihnen leichter, das eigene Erziehungsverhalten immer wieder zu kontrollieren und Fehler zu vermeiden. Bei schweren Konflikten geht das allerdings nicht ohne die Hilfe eines Therapeuten.

Zu sehr ungünstigen Auswirkungen kommt es, wenn das Kind nicht als selbständiger Partner betrachtet wird, sondern zur Befriedigung oder als Ersatz unerfüllter Wünsche der Eltern (zum Beispiel nach Besitz, Erfolg, Prestige, Sexualität, Zärtlichkeit) missbraucht wird oder als Zielscheibe aggressiver Impulse dient, die nicht am Ort ihrer Entstehung, zum Beispiel zwischen den Ehepartnern, ausgetragen werden. Auch andauernde oder wiederholte Konflikte zwischen den Eltern bekommt das Kind zu spüren. Die Eltern sind nicht geduldig genug, beeinflussen das Kind einseitig oder gegensätzlich und verunsichern es so.

Schädliche Auswirkungen beim Kind

In vielen Untersuchungen bemühte man sich, einen Zusammenhang zwischen der schädigenden Haltung der Eltern und der Art der Störung beim Kind aufzudecken. Vor allem drei Formen der Ablehnung und ihre Folgen werden unterschieden:

- die offene Ablehnung, gekennzeichnet durch Vernachlässigung und strenge Strafen;
- der Perfektionismus («So wie es ist, kann ich das Kind vorläufig nicht lieben, ich muss sehen, dass es sich bessert!»), gekennzeichnet durch Kritik und starre Verhaltensvorschriften;
- die übertriebene Behütung und Verwöhnung, basierend auf Schuldgefühlen oder verborgenen feindlichen Impulsen.

Den verschiedenen ablehnenden Haltungen lassen sich typische Verhaltensreaktionen des Kindes zuordnen:

- Bei offener Ablehnung zeigen sich als Folge beim Kind Tendenzen von Aggressivität, Furcht vor der Verantwortung und Verwahrlosung.
- Der Perfektionismus als Erziehungshaltung untergräbt das Selbstvertrauen des Kindes und führt zu Entmutigung und zwanghaftem Verhalten.
- Überbehütung schließlich führt zu den bekannten Verwöhnungserscheinungen: Unselbständigkeit und Bequemlichkeit bei hohen Ansprüchen. Die so genannte «Babymutter» wird ihr Kleinstkind gut und richtig versorgen und erst Probleme bekommen, wenn das Kind nach Selbständigkeit strebt.

Im Einzelfall ist es natürlich schwer, die Auswirkungen eines bestimmten Erziehungsklimas vorauszusagen, da zum Verhalten eines Elternteils (oder beider Eltern) noch eine Reihe anderer Faktoren hinzukommen, die das Fühlen, Denken und Handeln des Kindes beeinflussen. So hat ein Kind immer mehrere Reaktionsmöglichkeiten. Auf Ablehnung zum Beispiel kann es aggressiv oder auch depressiv reagieren. Beide Verhaltensweisen sind auch abwechselnd möglich. Außerdem verhalten sich Eltern selten einheitlich ablehnend oder bejahend. Sie treffen vielmehr eine Auswahl: sie mögen einige Seiten des Kindes und lehnen andere ab. Das ist zum Teil bedingt durch eigene Konflikte. Zudem werden die Eltern auch von den Verhaltens- und Reaktionsweisen des Kindes beeinflusst.

Uneinheitliche Erziehungseinflüsse

Der Zusammenhang zwischen der Art der kindlichen Störung und den schädigenden Einflüssen ist deshalb nicht so leicht zu durchschauen, weil jeder Elternteil unterschiedliches Verhalten, einen anderen Stil, realisiert. Das verunsichert u. U. das Kind und beeinträchtigt die Entwicklung seiner Persönlichkeit.

! Es ist also notwendig, dass beide Eltern offen über unterschiedliche Auffassungen sprechen, sich aufeinander abstimmen und über alle grundsätzlichen Erziehungsfragen Übereinstimmung erzielen.

Dies sind die häufigsten Fehler:

- Je strenger der eine im Laufe der Jahre wird, desto nachgiebiger wird der andere – um einen Ausgleich, das erwünschte Gleichgewicht, zu schaffen.
- Ist der Vater die allein bestimmende, starke Persönlichkeit in der Familie und weist er der Mutter eine graue Aschenputtelrolle zu, wird die Tochter Schwierigkeiten bei der Übernahme der für sie ersichtlich unattraktiven Geschlechtsrolle haben. Partnerschaftliche Probleme sind dann vorprogrammiert, wenn jeder Mann vor ihrem Vater verblasst. In derselben Situation kann sich der Sohn so unterlegen fühlen, dass er es bald aufgibt, so erfolgreich und stark wie sein Vater zu werden.
- Eine übermächtige Mutter, die den Vater unterdrückt oder ihn von der Erziehung fern hält, verursacht ähnliche Konflikte der Rollenübernahme beim Kind.

Rollen, die das Kind schädigen

Einen wesentlichen Faktor bei der Erziehung hat – wie bereits erwähnt – der Psychoanalytiker H. E. Richter untersucht: die Rolle, die dem Kind in der Familie zugewiesen wird. Recht häufig wird nämlich ein Kind nicht in seiner eigentlichen Rolle akzeptiert, es wird vielmehr als Ersatz für einen anderen Menschen behandelt, «als Substitut für einen anderen Partner.» (*Richter 1971*)

Das Kind soll zum Beispiel einem Elternteil die Liebe schenken, die dieser von seinen Eltern nicht bekommen hat. Oder der Sohn wird von der Mutter als kleiner Ehemann betrachtet, bei dem sie keine Angst vor männlicher Aggressivität oder Sexualität haben muss. Vielleicht erinnert er sie auch an einen Rivalitätskonflikt, den sie früher mit ihrem beneideten Bruder hatte. Weitere Rollen ergeben sich, wenn das Kind einen Teil der elterlichen Persönlichkeit verwirklichen soll. Das kann sowohl eine erwünschte als auch eine abgelehnte Seite sein. Es soll zum Beispiel durch Leistung, Schönheit oder Intelligenz die Umsetzung nicht realisierter eigener Wünsche der Eltern nachholen und so ihr Selbstwertgefühl heben. Oder das Kind dient als Sündenbock: Die Eltern lassen es einen Teil ihrer geheimen und verpönten Wünsche ausleben und strafen es dann dafür. Häufig kommt es auch vor, dass ein Kind gezwungen wird, Partei für den einen oder anderen Elternteil zu ergreifen (Richter: «Das Kind als umstrittener Bundesgenosse»). Zuwendungen und Freundlichkeiten erfolgen dann, um eine erwünschte Stellungnahme zu erreichen, sie gelten nicht ihm selbst.

Jedes Kind wird anders auf diese Rollenzuschreibungen reagieren. Die Skala der Möglichkeiten reicht von der unmäßigen Selbstüberschätzung bis zum depressiven Verzagtsein. Es rächen sich auch solche Rollen, die zunächst angenehm wirken, in der Schule oder noch später, wenn die Konfrontation mit der Realität unvermeidlich wird. Immer stellen sie eine Beschneidung dar, da sie die Entwicklung zur Selbständigkeit verhindern. Bei den beschriebenen Arten der Rollenverteilung hat das Kind nie das Gefühl, um seiner selbst willen geliebt zu werden – eine starke Frustration und Beeinträchtigung des Selbstwertgefühls ist die Folge.

Viele dieser schädigenden Erziehungseinflüsse auf das Kind können vermieden werden durch das gründliche Überdenken des eigenen

Erziehungsverhaltens und vor allem durch eine freimütige Diskussion mit anderen Eltern, die aktiv gesucht werden sollte. Sich einen Fehler einzugestehen wiegt leicht im Vergleich zu möglichen Schädigungen des Kindes, die später nur noch schwer oder gar nicht mehr zu beseitigen sind.

Gewalt gegen Kinder und sexueller Missbrauch

Gewalt gegen Kinder spielt immer noch eine bedeutende Rolle: In 50–65 Prozent der deutschen Familien wird noch körperlich gestraft, in zehn bis 15 Prozent aller Familien wird schwerwiegend und häufig geschlagen (Engfer 1995). Auch der sexuelle Missbrauch durch nähere oder weiter entfernte Verwandte und Bekannte ist immer noch ein großes Problem (hohe Dunkelziffer).

Vielfach werden sexuelle Handlungen als Zeichen der Zuneigung bei strenger Geheimhaltung meistens von männlichen Familienangehörigen verlangt; die Folgen bei den Kindern sind unter anderem Schuldgefühle, Schlafstörungen und psychosomatische Beschwerden. Eine große Anzahl von Verhaltensauffälligkeiten und -störungen ist möglicherweise auf diese Ursache zurückzuführen.
Betroffene Kinder mussten bis zu sechsmal(!) Erwachsene ansprechen, bis Anzeige erstattet und Abhilfe gesucht wurde – das ist eine bittere Tatsache. Insofern ist es dringlich, dass Eltern sorgfältig auf mögliches Fehlverhalten gegenüber allen Kindern, nicht nur gegenüber dem eigenen, achten, und zwar während des gesamten Kindes- und Jugendalters.

Auffälliges Verhalten und therapeutische Hilfen

Therapeutische Hilfe kann oft nur in der Zusammenarbeit von Fachleuten (Psychologe oder Sozialpädagogin mit Kontakt zum Kinderarzt) in einer Erziehungs- oder Familienberatungsstelle gegeben werden. Bitte bedenken Sie, dass einem Kind durch eine Behandlung, zum Beispiel eine Spieltherapie oder auch durch das Angebot einer Familientherapie, wesentlich geholfen werden kann.

Durch die Veränderung der auslösenden Bedingungen und therapeutische Maßnahmen in einer Erziehungs- oder Familienberatungsstelle lassen sich viele Probleme von Kindern noch verhältnismäßig leicht beheben oder zumindest bessern, solange die Störungen nicht verfestigt sind. Wird der Konflikt jedoch nicht aufgelöst, kann er auch andere, für die kindliche Entwicklung schädliche Folgen haben. Körperliche Erscheinungen treten vielleicht zurück und machen veränderten Persönlichkeitsmerkmalen, Erlebnis- und Verhaltensweisen Platz, die den Lebenslauf ungünstig beeinflussen.

Bevor Sie sich entschließen, eine Beratungsstelle aufzusuchen, können Sie die folgenden Punkte noch einmal für sich genau abzuklären versuchen und sie möglichst auch mit Ihrem Partner besprechen.

Situationsanalyse

Welche Schwierigkeiten, welche Verhaltensauffälligkeiten, welche Probleme sind Ihnen bei Ihrem Kind aufgefallen? Welche davon belasten es eher selbst, welche eher Sie selbst oder Ihre Familie?
Besteht das unerwünschte Verhalten, die Schwierigkeit des Kindes bereits einige Wochen oder gar Monate? Können Sie damit rechnen, dass es sich um ein normales Durchgangsstadium in der Entwicklung handelt, das unerwünschte Verhalten also wieder

von alleine verschwindet?
Wo und wann ist das Verhalten zu beobachten: in der Familie, in der besuchten Tageseinrichtung für Kinder, auf dem Spielplatz, beim Besuch von Freunden oder Verwandten? Ist es ein durchgängiges Verhalten, oder ist es an bestimmte Personen oder Orte gebunden?

Zielvorstellung (-analyse)

Was soll geändert werden? Welches Verhalten sollte Ihr Kind nicht mehr zeigen, welches sollte es stattdessen entwickeln? In welcher Beziehung steht das unerwünschte Verhalten zu den sonstigen Verhaltensweisen Ihres Kindes? Ist es für das Kind wichtig, oder ist es für Sie wichtig, dass es das erwünschte Verhalten in nächster Zeit erreicht, dass es das unerwünschte aufgibt?

Wege, die zum erwünschten Verhalten führen

Können Sie das Ziel allein erreichen bzw. wer kann dabei helfen? Haben Sie die verschiedenen Möglichkeiten, die Eltern selbst zur Verfügung stehen, versucht, haben Sie sie lange genug angewandt, haben Sie auch einmal eine andere Methode nachhaltiger probiert (oder zum Beispiel immer nur dieselbe Art von Ermahnungen ausgesprochen?). Haben Sie beachtet, dass günstige Entwicklungen leichter hervorgerufen werden können, wenn man von den Stärken des Kindes ausgeht? – Ein Anruf in einer Beratungsstelle und telefonische Hinweise können dazu beitragen, die Dringlichkeit einer Maßnahme und mögliche Wege zu besprechen.

Entscheidung über das weitere Vorgehen

Nachdem Sie die bisherigen Schritte durchgegangen sind, sollten Sie entscheiden, auf welche Weise Ihrem Kind geholfen werden kann. Geht es um eine Maßnahme, die Ihr Kind allein betrifft oder die auch Sie selbst, Ihren Partner, möglicherweise die gesamte Familie angeht?

Wie Sie in einem anderen Kapitel erfahren haben, können Verhaltensauffälligkeiten eines Kindes ein Hinweis auf eine gestörte Rollenzuweisung innerhalb der Familie sein, bei der ein oder mehrere Mitglieder der Familie dazu beitragen, dass das Kind auf ein bestimmtes Verhalten festgelegt ist. Solange ein Mitglied dabei die Familienspannung auf sich nimmt, besteht ein gewisser Spannungsausgleich, wodurch die Störung des Kindes noch stabilisiert wird. In diesem Fall ist das Einbeziehen aller Familienmitglieder in die Therapie bei einer Erziehungs- oder Familienberatungsstelle dringend erforderlich.

Hilfe aktiv annehmen

An diesem Punkt angelangt, geht es darum, aktiv Hilfe aufzusuchen und die angeratenen Maßnahmen dann auch durchzuführen. Ebenso selbstverständlich, wie wir bei Zahnschmerzen zum Zahnarzt gehen, sollten wir auch bereit sein, Hilfe einer Erziehungs- oder Familienberatungsstelle anzunehmen. Doch so leicht ist das oft nicht. Hat man sich das Vorhandensein eines psychologischen Problems jedoch einmal eingestanden (und sind die Störungen bereits grob umrissen), ist der Schritt zum aktiven Handeln gar nicht mehr so groß.

Erfolgskontrolle

Nachdem Sie Hilfe in Anspruch genommen haben, überprüfen Sie nun, welche Änderungen Sie erreicht haben und ob Sie Ihren Zielvorstellungen näher gekommen sind: Konnte die Verhaltensauffälligkeit oder das Problem Ihres Kindes (oder der Familie) bereits bewältigt werden bzw. zeigen die Interventionen die gewünschte Wirkung? Ist die Fortsetzung der Therapie oder eine Nachuntersuchung erforderlich?

Hilfe für andere Kinder und Familien

Selbst auf die Gefahr hin, dass Sie sich den Vorwurf der Einmischung gefallen lassen müssen, kann ein hinweisendes Gespräch mit den Eltern oder Vertrauenspersonen der Betroffenen sinnvoll und wichtig sein, wenn Ihnen Verhaltensstörungen eines Kindes besonders auffallen. Es geht hier ja nicht um eine Belehrung oder Besserwisserei, sondern um das Wohl eines Kindes oder auch das einer Familie, zum Beispiel bei Aggressionen, bei Sprachstörungen, bei Gewalt gegen Kinder, bei sexuellem Missbrauch usw. Die umsichtige, rechtzeitige und kompetente Hilfe dient dem Kind und kann zur Stabilisierung einer Familie wesentlich beitragen!

Emotionale Störungen und Verhaltensstörungen

Die im Folgenden beschriebenen Verhaltensauffälligkeiten und -störungen werden auch heute noch häufig als Launen und Unarten eines Kindes betrachtet, obwohl man längst weiß, dass sich in ihnen innere Spannungen und Konflikte tieferen Ursprungs ausdrücken. Oft ist es schwer, die Motive des Kindes für ein Verhalten zu erkennen, das es trotz Ermahnungen, Versprechungen oder gar Strafen einfach nicht lassen kann. Deshalb werden hier nicht nur die äußeren Verhaltensweisen dargestellt, sondern auch mögliche Hintergründe und Konflikte. Dabei kann es sich jedoch lediglich um einige Hinweise handeln.

Falls sich die eine oder andere Verhaltensstörung (oder -auffälligkeit) über einen Zeitraum von vier bis sechs Monaten beobachten lässt, sollten Sie sich unbedingt in einer Erziehungs- oder Familienberatungsstelle beraten lassen.

Lesen Sie dieses Kapitel nicht nur im Hinblick auf Ihr eigenes Kind. Vielleicht können Sie auch andere Eltern verantwortungsbewusst ansprechen, wenn deren Kind offensichtlich Hilfe in einer Beratungsstelle bekommen sollte.

Aggressives Verhalten und Aggressivität

Anzeichen der Störung

Aggressives Verhalten (häufiges unangepasstes Verhalten) bzw. Aggressivität (ständige Bereitschaft zu Aggression) kann sich schon in den ersten Lebensjahren entwickeln, im vierten bis sechsten Lebensjahr verstärken, in der Schulzeit zunehmen usw.

Neben anderen können die folgenden Anzeichen bei Kindern im vorschulischen Alter auftreten:

- unruhig sein und oft die Kontrolle über sich verlieren;

- immer wieder Auseinandersetzungen mit Erwachsenen haben;
- sich den Anweisungen von Erwachsenen widersetzen;
- andere häufig unabsichtlich oder absichtlich ärgern (etwas wegnehmen, etwas umstoßen, andere piesacken, schubsen oder rempeln usw.);
- oft beleidigt sein;
- die Schuld auf andere schieben;
- leicht reizbar sein;
- wütend sein;
- nachtragend sein;
- unerwünschte Wörter verwenden;
- Sachen an sich nehmen (Tendenz zum Stehlen);
- lügen;
- Tiere quälen.

Wenn sechs bis neun dieser Verhaltensweisen über mehrere Monate hin beobachtet werden, ist von einer Verhaltensstörung, zumindest von einer Verhaltensauffälligkeit auszugehen.

Häufigkeit und Verlauf

Aggressives Verhalten ist unter den Verhaltensstörungen bei Kindern bis zu sechs und acht Jahren eine häufig auftretende Störung, sie findet sich bei Jungen etwa drei- bis viermal so häufig wie bei Mädchen. Lässt sich die Häufigkeit des aggressiven Verhaltens überhaupt richtig einschätzen? Petermann und Warschburger (1998) berichten aufgrund wissenschaftlicher Erhebungen, dass die Einschätzung der Häufigkeit aggressiven Verhaltens durch Eltern im Allgemeinen etwas zu niedrig angesetzt wird, durch - Pädagoginnen (Erzieherinnen, Lehrerinnen) etwas zu hoch. Diese unterschiedliche Zuschreibung ist durchaus verständlich: Die mitverantwortlichen Eltern sind eher bereit, das Verhalten ihres Kindes zu kaschieren; Erzieherinnen und Lehrerinnen haben mit einem oder zwei aggressiven Kindern in einer Gruppe erhebliche Arbeit, weil viele andere Kinder gestört werden.

Aggressives Verhalten erweist sich im Allgemeinen als ziemlich stabil und verstärkt sich im Laufe der Jahre. Der Versuch, eine Änderung herbeizuführen, sollte deshalb baldmöglichst eingeleitet werden. Die Zunahme aggressiven Verhaltens ist u. a. darauf zurückzuführen, dass Kinder mit diesem Verhalten immer wieder auch Gegenaggressionen herbeiführen, sich weiter isolieren und eine erhebliche Verstärkung ihres Verhaltens erfahren (wenn ein aggressives Kind häufig fünf bis acht andere Kinder attackiert, bekommt es große Routine in diesem Verhalten – es verfügt dann eben über fünf- bis achtmal mehr Erfah-

Kann aggressives Verhalten gelernt werden?

«Die Umwelt (Eltern, Lehrer, Gleichaltrige etc.) kann aggressives Verhalten auf drei verschiedene Arten verstärken ...:

- Positive Verstärkung: das Kind erreicht durch sein aggressives Verhalten ein bestimmtes Ziel (z.B. die Anerkennung durch Gleichaltrige).
- Negative Verstärkung: dem Kind gelingt es mit seinem aggressiven Verhalten, unangenehme oder bedrohliche Ereignisse zu meiden oder zu beseitigen (z.B. traut sich niemand mehr, es anzugreifen).
- Duldung (nicht zu verwechseln mit Ignorieren): dem Verhalten der Kinder wird tatenlos zugeschaut, wobei dies von den Kindern als stillschweigende Zustimmung aufgefasst wird.

Diese Reaktionen erhöhen die Auftretenswahrscheinlichkeit aggressiven Verhaltens und stabilisieren so das Verhaltensmuster. Für den Erwerb von Verhaltensmustern reicht auch die stellvertretende Erfahrung durch das Beobachten von Modellen (Modellernen), zum Beispiel der Eltern, aus.»
(Petermann und Warschburger 1998, S. 138)

rung mit Aggressionen als jedes einzelne attackierte Kind und kann sich mit seinem Verhalten überlegen fühlen).

Erklärungsansätze

Eltern und Großeltern aggressiver Kinder haben in ihrer eigenen Biographie überdurchschnittlich häufig aggressives Verhalten gezeigt, sodass eine genetische Beteiligung nicht von vornherein auszuschließen ist. Zugleich geben Erwachsene aggressives Verhalten allerdings auch in ihrer Vorbildfunktion an Kinder weiter.

Neben dieser Art von Verstärkung, auf die Petermann und Warschburger hinweisen, spielt auch eine Rolle, in welchem Umfang Regeln festgelegt werden: Sowohl zu wenige als auch zu viele Regeln sind ungünstig! Eltern aggressiver Kinder achten oft zu wenig darauf, dass die gesetzten Regeln eingehalten werden.

In einer Untersuchung ergab sich schließlich als weiterer Erklärungsansatz, dass Mütter, die selbst ungern Verantwortung für ihr eigenes Leben und den Alltag zu übernehmen bereit sind, damit aggressives Verhalten von Kindern provozieren. Wichtig ist,

- dass Eltern wissen, was ihr Kind tagsüber unternimmt,
- dass sie deren Verhalten kontrollieren und
- dass sie an den Aktivitäten ihrer Kinder interessiert sind.

Bei aggressiven Kindern konnte beobachtet werden, dass sie zu häufig eine nicht stimmige Interpretation des Verhaltens anderer beim eigenen Handeln zugrunde legen. Sie gehen oft davon aus, dass andere eine Aggressionshandlung beabsichtigen, und beeilen sich, dieser Handlung zuvorzukommen.

Interventionsverfahren

Je früher eine Behandlung einsetzt, desto besser. Bei Kindern ab acht bis zehn Jahren ist die Erfolgsaussicht einer Behandlung bereits auf ca. 40–60 Prozent reduziert, weil die Behandlungen häufig seitens der Kinder oder Jugendlichen abgebrochen werden.

Aussichtsreich sind Elterntrainingsprogramme. Die folgenden elterlichen Verhaltensweisen sollen dabei gelernt werden:

- genaues Beschreiben und Dokumentieren der kindlichen Handlungen,
- problematisches und angemessenes Verhalten des Kindes wahrnehmen und Letzteres verstärken,
- statt körperlicher Strafen Belohnungsentzug (nicht Liebesentzug) und Wiedergutmachung einsetzen,
- praktikable soziale Regeln aufstellen und durchsetzen,
- die vorhandenen Fähigkeiten der Kinder bei Handlungen positiv zum Einsatz bringen.

Die Erprobung von Interventionsprogrammen mit Kindern unter acht Jahren ist weniger untersucht als mit Kindern über acht Jahren – bei Letzteren haben kognitiv und zugleich verhaltensbezogen orientierte Programme gute Erfolge gebracht. Bei Kindern unter acht Jahren sollten die Interventionen zur Veränderung vorrangig über die Eltern erfolgen, also über Elterntrainingsprogramme eingeführt werden.

Hyperkinetische Störung

Viele Eltern haben Kinder, die oft unruhig sind und selten bei einer Sache bleiben. Damit werden sie auch anderen Kindern lästig und haben es schwer, gute Freunde zu finden. Soweit die hyperkinetische

Störung lediglich in geringem Umfang gegeben ist, können diese Kinder als einfallsreich und neugierig wahrgenommen werden.

Anzeichen der Störung

Auffällig sind vor allem
- Aufmerksamkeitsstörungen,
- Impulsivität,
- Hyperaktivität.

Die Kinder unterbrechen ihre Aktivitäten häufig, sie schließen sie selten ab. Die folgenden Anzeichen können bei diesen Kindern beobachtet werden:
- nur kurz sitzen bleiben, aufstehen, scheinbar ziellos hin und her rennen, sich wieder hinsetzen usw., auch einer Aufforderung, sitzen zu bleiben, kaum folgen können,
- durch Reize von außen leicht abgelenkt werden,
- sich nicht gut in eine Gruppe einordnen können, z. B. in eine Warteschlange bei Aktivitäten mehrerer Kinder,
- andere Kinder kaspernd-albernd stören, andere Kinder zu dominieren versuchen,
- gestellte Aufgaben nur zur Hälfte erledigen,
- bei Aktivitäten nicht längere Zeit engagiert mitwirken können,
- andere Kinder und Erwachsene beim Sprechen unterbrechen,
- überraschend irgendwelche Aktionen starten.

Wenn ein Kind mehrere dieser Anzeichen und das über mehr als vier bis sechs Monate zeigt, sollte es in einer Familien- oder Erziehungsberatungsstelle vorgestellt werden. Dass eine Störung vorliegt, ist wahrscheinlicher, wenn das Verhalten in der Familie, in der Kindertageseinrichtung und in Gruppen Gleichaltriger auftritt. Bei neuen Umgebungen oder bei einer neuen Aktivität kann das Verhalten (anfangs) möglicherweise unterbleiben.

Die messbare Intelligenz ist bei hyperkinetischen Kindern durchschnittlich ca. sieben bis 15 IQ-Punkte reduziert.

Häufigkeit und Verlauf

In Kindertageseinrichtungen beschreiben Erzieherinnen ca. 14 % der Kinder als hyperaktiv bis sehr hyperaktiv (Döpfner 1998). Jungen sind drei- bis neunmal so häufig hyperaktiv wie Mädchen. Die hohe Schwankungsbreite dieser Zahlenangabe kann zum Teil dadurch erklärt werden, dass die Zuordnung eines Verhaltens als hyperkinetisch in den Untersuchungen nicht einheitlich verwendet wird – die Abgrenzung zum (noch) Normalbereich ist sehr schwierig.

Wenn ein Kleinkind Essstörungen zeigt, schlecht schläft, oft gereizt ist, ein schwieriges Temperament hat und ein sehr hohes Aktivitätsniveau aufweist, ist die Wahrscheinlichkeit für späteres hyperkinetisches Verhalten deutlich erhöht.

Eine günstigere Prognose ergibt sich für den Verlauf, wenn
- die Intelligenz nicht unterdurchschnittlich ist,
- das Kind nicht oppositionell oder aggressiv ist,
- es gute Beziehungen zu Gleichaltrigen hat,
- seine Emotionalität stabil ist,
- die Eltern eine psychische Stütze für ihr Kind sind.

Erklärungsansätze

Bislang gibt es noch keine unumstrittene Erklärung für die hyperkinetische Störung. Neurologische Faktoren, das Immunsystem, genetische Faktoren, psychosoziale Gegebenheiten und die Störung der Selbstregulation scheinen zwar jeweils in einem gewissen Umfang beteiligt, eine Gewichtung dieser Faktoren ist jedoch bisher nicht möglich. So können hyperkinetische Kinder z. B. manchmal längere Zeit im freien Spiel unauffällig handeln, während ihnen das in Leistungssituationen nicht gelingt. Bei selbst bestimmtem Arbeitstempo treten Störungen seltener auf. Daraus lässt sich rückschließen: Wenn eine genetische Bedingung oder das Immunsystem eindeutig verursachend wären, müsste die Störung kontinuierlich auftreten.

Interventionsverfahren

Teil der Behandlung ist, die Eltern, das Kind und ggf. Erzieherinnen hinreichend über die Störung aufzuklären. Als Methoden im Einzelnen kommen je nach Alter des Kindes Psychotherapie, psychosoziale Interventionen und Pharmakotherapie in Frage. Darüber hinaus können verhaltenstherapeutische Verfahren eingesetzt werden zur Veränderung des eigentlichen hyperkinetischen Verhaltens.

Psychostimulantien (z. B. Methylphenidat – Handelsname: Ritalin) und Antidepressiva werden verwendet. Ca. 70 Prozent und mehr der Kinder über fünf Jahren können mit einem Psychostimulans für zwei bis vier Stunden angesprochen werden. Wegen der Nebenwirkungen (u. U. Schlafstörungen und Appetitverminderung) kann die Pharmakotherapie manchmal nicht aufrechterhalten werden. Mit dieser Behandlung wird kaum eine Heilung erreicht – das Psychostimulans muss also kontinuierlich gegeben werden, zwei- oder dreimal am Tag.

Bei Kindern im vorschulischen Alter werden im Allgemeinen psychotherapeutische und pädagogische Methoden angewandt, da ein Selbstinstruktionstraining und Selbstmanagement altersbedingt nicht in Frage kommen. Bei Aufmerksamkeitsschwäche und motorischer Unruhe im Vorschulalter haben Döpfner und Sattel 1992 (Döpfner 1998) eine erfolgreiche Vorgehensweise entwickelt, die die folgenden Phasen einschließt:

- Gestaltung einer positiven und tragfähigen Beziehung zum Kind,
- Bestimmung der Ansatzpunkte der Intervention,
- Aufbau eines konzentrierten und intensiven Spiel- und Beschäftigungsverhaltens,
- Stabilisierung des Spiel- und Beschäftigungsverhaltens durch Förderung der Selbststeuerung und Ausblendung der Außensteuerung,
- Steigerungen der Anforderungen an das Spiel- und Beschäftigungsverhalten.

Auffällige Symptome

Seelische Probleme und Spannungen können in den körperlichen Bereich hineinwirken und dort erhebliche Funktionsstörungen (z. B. Schlaf- und Appetitlosigkeit) auslösen. Sie können auch eindeutig körperliche (somatische) Veränderungen, etwa Hautausschlag oder Erkrankungen des Magen-Darm-Trakts sowie Störungen des Essverhaltens usw., zur Folge haben: Es sind die sichtbaren Zeichen eines Konflikts.

- Eine psychosomatische Störung liegt vor, wenn durch zu große psychische Belastung eine Krankheit mit somatischem Befund entstanden ist.
- Werden die Folgen einer psychischen Belastung sichtbar (auch ohne organischen Befund), wie zum Beispiel bei einem Tic oder dem nächtlichen Einnässen, spricht man von einer Verhaltensauffälligkeit oder -störung.

Für die Behandlung von länger anhaltenden Verhaltensauffälligkeiten und -störungen oder von psychosomatischen Beschwerden gilt, dass immer ein Kinderarzt und ein Kinder(psycho)therapeut aufgesucht werden sollten. Die folgenden Informationen sind lediglich als allgemeine Hinweise gedacht!

Störungen der Spielfähigkeit

Spielen ist mit die wichtigste Form der Umweltbewältigung in diesem Alter (übrigens unterscheidet das Kind selbst Spielen und Arbeiten nicht: Das Kind erlebt sich bei jeder intensiven Beschäftigung als aktiv; wir Erwachsenen sprechen, weil keine Erzeugnisse im Sinne der Produktivität und Verwertbarkeit entstehen, von Spielen).

Wenn die Spielfähigkeit gestört ist, liegt oft die Ursache darin, dass das Kind weder Anleitung noch Motivation zum Spielen erhielt, dass es niemanden hat, der sich – im Spiel – mit ihm beschäftigt. Fast alle Kinder mit Entwicklungs- bzw. Verhaltensstörungen haben deshalb auch beim Spielen Schwierigkeiten.

Diese Probleme, so unauffällig sie auch sein mögen, sind häufig zugleich Vorläufer der späteren Lern- und Arbeitsstörungen. Ist ein Kind innerlich zu sehr mit Problemen beschäftigt, wird der Spielverlauf dadurch immer wieder blockiert oder verändert. Es kann sich nicht ruhig vertiefen und sich ganz dem Spiel überlassen.
Angst- und Schuldgefühle, Beunruhigung über familiäre Konflikte, ungelöste Fragen kindlicher Sexualität, unterdrückte Hass- und Neidimpulse hindern es daran. Manche Kinder greifen wahllos nach allen Dingen, ohne etwas Konstruktives damit anzufangen, sie können nicht damit spielen. Auch destruktive Impulse können durchbrechen. Dann wird das Spielzeug mutwillig zerstört. Manche Kinder versinken in Träumereien und wenden sich so von der aktiven Auseinandersetzung mit der Außenwelt ab, andere geben beim geringsten Misserfolg auf und wollen Hilfe von einem Erwachsenen.
Viele dieser Kinder wissen gar nichts mit sich anzufangen, wenn sie allein sind. Sie brauchen ununterbrochen neue Spielvorschläge, sonst klagen sie über Langeweile. In der Kindergruppe flüchten sich spielgestörte Kinder gern in die Rolle des Zuschauers. So können sie ihre Untätigkeit und die Angst vor der Bewertung ihres Tuns gut verbergen.

Der Grund für Spielstörungen ist oftmals eine Fehleinstellung oder -haltung der Eltern, zum Beispiel:
- lieblose Vernachlässigung: das Spielen wird nicht gepflegt, das Kind wurde nicht dazu ermuntert;
- einengendes Verhalten: das Kind kann sich im Spiel nicht richtig ausleben;
- übermäßige Verwöhnung: das Kind wird zu bequem, sich selbst etwas einfallen zu lassen.

Der Kauf von noch mehr Spielmaterial zur Beschäftigung ist kein geeigneter Weg; besser ist, mehr auf das Spielen des Kindes einzugehen und dabei interessiert mitzumachen.

Daumenlutschen

Bis zum Alter von drei Jahren ist das Daumenlutschen eine relativ normale Verhaltensweise. Das Kind lutscht zum Beispiel am Daumen, wenn es müde, hungrig oder traurig ist. Später dient das Daumenlutschen manchen Kindern noch als Einschlafhilfe. Es hat – wie das Nuckeln am Kissenzipfel oder an einer Stoffpuppe – eine beruhigende und entspannende Wirkung.

Ungewöhnlich ist es allerdings, wenn das Kind auffällig lange am Daumen lutscht, bezogen auf die Anzahl von Minuten und Stunden pro Tag, bezogen aber auch auf das Lebensalter des Kindes. Dann kann es ein Zeichen von Mangelerlebnissen, ein Ausweichen vor – eventuell zu hohen – Anforderungen sein: Das Bedürfnis des Kindes nach körperlichem Kontakt und Geborgenheit oder nach Entspanntsein wird unter Umständen nicht genügend befriedigt, zum Beispiel weil die Erwachsenen nicht genügend Zeit für das Kind haben oder weil sie zu wenig zärtlich sind. Oft sind es gerade besonders sensible Kinder mit einem großen Bedürfnis nach Zärtlichkeit, die sich bei Angst oder Langeweile auf diese Weise von der inneren Unruhe befreien.

Eine andere Ursache des Daumenlutschens kann Angst vor geforderter Aktivität sein: Das Kind fühlt sich überfordert. Anstatt zu handeln, zieht es sich auf sich selbst zurück und bleibt passiv. Diese Angst vor der Auseinandersetzung mit der Umwelt findet sich oft bei übermäßig behüteten Kindern oder bei Kindern, die zu sehr von Erwachsenen gelenkt und beaufsichtigt werden.

Manchmal fangen Kinder auch nach längerer Pause wieder mit dem Daumenlutschen an, wenn sie sich zum Beispiel durch die Geburt eines Geschwisters gefühlsmäßig vernachlässigt fühlen oder wenn sie längere Zeit von einer geliebten Bezugsperson getrennt sind.

Nägelbeißen

Im vierten Lebensjahr beginnen einige Kinder mit Nägelbeißen, das sie auch in der Schulzeit beibehalten. Das Knabbern dehnt sich gelegentlich bis auf die Haut rund um die Nägel und die Fingerkuppen aus. In seltenen Fällen benagen (meist intellektuell zurückgebliebene) Kinder sogar Textilien, Papier oder Möbelstücke. In Druck- und Spannungssituationen (später bei Leistungsanforderungen) verstärken sich die Symptome: Das Verhalten dient als Ventil für die angestaute Erregung.
Mehrere Ursachen können zu dieser Störung beitragen. Oft sind die

Kinder in ihrem Bewegungsdrang durch die Wohnverhältnisse oder einen überängstlichen oder nervösen Elternteil stark eingeengt. (Übrigens lässt sich eine ähnliche Reaktion auch bei Tieren beobachten, die zu lange eingesperrt worden sind: das so genannte Krippenbeißen. Es verschwindet, sobald die Tiere genügend Auslauf bekommen.)
Es kann aber auch sein, dass sich ein Kind innerlich eingeengt und gefesselt fühlt. So ist das Nägelbeißen vor allem unter den besonders brav wirkenden und übermäßig angepassten Kindern weit verbreitet. Sie wagen es nicht, unbekümmert ihre Absichten durchzusetzen, zupackend oder auch einmal aggressiv auf ihre Umwelt loszugehen. Stattdessen richten sie die entsprechenden Impulse gegen sich selbst. Gleichzeitig versuchen sie damit, ihre Eltern zu bestrafen.

Wenn mit dieser als Unart gerügten Verhaltensweise noch starke Schuldgefühle wegen der eigenen expansiven und aggressiven Wünsche hinzukommen, wird das Nägelbeißen zum Akt der Selbstbestrafung. Daumenlutschen und Nägelknabbern treten oft gemeinsam auf.

Haarausreißen, Spielen mit Haaren

Gelegentlich kann man Drehen, Ziehen und unsystematisches Auszupfen einzelner Haare oder kleiner Haarbüschel beobachten. Bei diesen Kindern treten oft auch andere Verhaltensstörungen auf, zum Beispiel Daumenlutschen, Nägelbeißen, übermäßiges Onanieren oder rhythmische Schaukelbewegungen des Körpers.
Diese Zeichen können darauf hinweisen, dass es sich um unerwünschte bzw. nicht genügend (zärtlich) geliebte Kinder handelt. Sie können keinen vertrauensvollen Kontakt zur Umwelt aufnehmen. Ihre Grundstimmung ist traurig, ihr Verhältnis zum eigenen Körper schwer gestört.

Durch den kleinen Schmerz, den sich ein Kind beim Haarausreißen zufügt, wird dieses Gefühl durchbrochen, der Schmerz erzeugt die lustvolle Empfindung, da zu sein, zu leben. In diesem Symptom drückt sich also der Zwiespalt zwischen dem starken Wunsch nach zärtlicher Anlehnung und dem Hass auf die Umwelt aus, die diese verweigert.

Muskelzuckungen (Tics)

Ticartiges Zucken ist besonders im Bereich des Gesichts und der Schulterpartie häufig. Es handelt sich dabei um reflexhaft auftretende, unrhythmische und rasche Körperbewegungen. Bei Erregung und unter dem Druck von Anforderungen folgen sie oft gehäuft.

Im Schlaf oder bei Entspannung lassen sie nach. Als Tics kommen vor:

- ruckartiges Kopfwenden zur Seite oder das Zurückwerfen des Kopfes,
- Schulterzucken,
- Ruder- und Wischbewegungen mit den Armen,
- Heben der Augenbrauen, Stirnrunzeln und Augenblinzeln.

Um schwerere Fälle handelt es sich bei schnauzartigem Verziehen des Mundes, Grunz- oder Räuspertics. Obgleich die Tics manchmal so aussehen wie gewollte und ausdrucksstarke Bewegungen, können sie vom Kind nur sehr schlecht willentlich hervorgerufen oder unterdrückt werden.

Im vorschulischen Alter kommen Tics nur selten vor. Sensible und intelligente Kinder reagieren manchmal mit leichten Tics auf ehrgeizigen erzieherischen Druck, gerade auch, wenn er mit liebevoller Zuwendung oder moralisierend ausgeübt wird.

Wenn Tics über längere Zeit bestanden haben, sind sie so automatisiert, dass sie oft auch noch nach dem Wegfall ihrer seelischen Ursachen, wenn auch meist in abgeschwächter Form, fortbestehen. In diesem Fall bewirken (verhaltens-) therapeutische Methoden eine Verbesserung.

Schaukeln (Jaktationen), Zähneknirschen

Jaktationen sind rhythmische Schaukelbewegungen des ganzen Körpers oder einzelner Körperteile, zum Beispiel des Kopfes. Sie werden meist vor dem Einschlafen oder (seltener) nach dem Aufwachen, aber auch während des Tiefschlafs ausgeführt. Im Schlaf kommen manchmal lautes Zähneknirschen oder mahlende Kieferbewegungen hinzu. Manche Kinder begleiten ihre Schaukelbewegungen mit stereotypen, singenden Lauten.
Das Kind schließt sich in diesen Situationen ganz von seiner Umwelt aus. Es steigert sich manchmal bis in eine Art Trance. Gewöhnlich führt es die Bewegungen nur aus,

wenn es allein ist. Bei einer Störung durch Geräusche oder Bewegungen in der Umgebung unterbricht es sie. Besonders bei den so genannten Trotzjaktationen ist dieser Rückzug auf sich selbst nach Enttäuschungen sehr deutlich.

Das Symptom kommt im Kleinkindalter häufiger vor. In seltenen Fällen wird es auch in der Schulzeit oder gar bis zur Pubertät beibehalten. (Gelegentliches Schaukeln vor dem Einschlafen ist übrigens bis zum vierten Lebensjahr normal.)

Typisch für Familien, in denen das Symptom auftritt, sind im Allgemeinen folgende Bedingungen: In einer lieblosen, gefühlsarmen und einengenden Atmosphäre wendet das Kind sich dem eigenen Körper zu und verschafft sich Lust und Erleichterung durch energieverzehrendes Schaukeln. Das kann auch geschehen, wenn beide Eltern arbeitsmäßig überlastet sind und ihrem Kind nicht genügend Zeit und Zuwendung oder auch intensives gemeinsames Spielen geben können.
Auch motorisch unausgelastete und aus Bequemlichkeit der Eltern zu früh ins Bett gebrachte Kinder reagieren gelegentlich ihre innere Spannung, Unlust und Verlassenheitsängste durch Schaukeln ab.

Selbstbefriedigung (Onanie)

Im vorschulischen Alter sind gelegentliche sexuelle Betätigungen am Genitale, mit oder ohne Orgasmus, ein Teil der normalen Entwicklung. Erst wenn solche Manipulationen wie unter Zwang häufig wiederholt werden, liegt eine Verhaltensauffälligkeit oder -störung vor. (Manche Kinder lösen fünf bis zehn Orgasmen innerhalb kurzer Zeit bei sich aus.) Die betroffenen Kinder wirken oft freudlos, inaktiv und wenig lebensbejahend. Sie haben keine Freunde und keine Lieblingsbeschäftigung, von der sie wirklich fasziniert sind.
Selbstbefriedigung bzw. Selbstreizung hat für diese Kinder den Vorzug, dass sie leicht zu erreichen ist und jederzeit zur Verfügung steht. Langeweile und Verlassenheitsängste werden mit dem ständig neu gelieferten Beweis bekämpft: «Ich bin mir selbst genug, ich brauche niemanden!»
Gewöhnlich sind diese Kinder sonst eher unauffällig. Sie sind still und brav und stellen keine Forderungen. Die Selbstbefriedigung führen sie bei ablehnender oder strafender Haltung der Erwachsenen möglichst unauffällig aus.

Manche Kinder, die völlig ungehemmt vor anderen onanieren (nur in seltenen Fällen ist dabei an eine Hirnschädigung zu denken), protestieren damit gegen prüde Eltern. Bei exzessivem Onanieren, das zur Isolierung eines Kindes in der Gruppe und ablehnender Reaktion von Erwachsenen führen kann, sollte eine Erziehungs- oder Familienberatungsstelle aufgesucht werden.

Angstzustände

Unruhiger Schlaf und Angstträume

Im vorschulischen Alter kommt der nächtliche Angstanfall gelegentlich vor. In der ersten Hälfte der Nacht schreckt das Kind aus dem Schlaf auf, bedingt durch Störreize von außen (Verkehrslärm, Licht oder eine Erschütterung), auch durch das überbesorgte zu häufige Nachsehen oder Streicheln der Eltern. Es schreit oder weint in ängstlicher Erregung, erkennt manchmal seine Umwelt nicht und ist erst nach einiger Zeit zu beruhigen. Nach dem Angstanfall schläft das Kind wieder ruhig weiter und kann sich am nächsten Morgen an nichts mehr erinnern. Manche Kinder laufen schlafwandlerisch in der Wohnung herum und erwachen erst nach Zuruf.
Wenn solche Vorfälle nur gelegentlich auftreten, handelt es sich um das Nachwirken aufregender Tageserlebnisse oder aktueller Konflikte. Auch eine fieberhafte Erkrankung oder Schmerzen können sich so zeigen.
Kommt dies jedoch häufiger vor, ist es ein Zeichen für Angstzustände und Angstträume. Oft können sich die Kinder dann auch an den Inhalt der Träume erinnern. Sie befinden sich in gefährlichen Situationen. Teufel, Hexen oder Tiere wollen sie töten und bedrohen sie. Auf diese Weise verarbeiten sensible Kinder ihre angstvollen Erlebnisse, mit denen sie tagsüber scheinbar gut fertig werden.
Zu dramatische Erzählungen, Streit zwischen den Eltern oder beunruhigende Fernseheindrücke können zu diesen Angstzuständen wesentlich beitragen – vor allem, wenn sich das Kind mit der einen oder anderen Person weitgehend identifiziert, weil es seine Lebenssituation wie die des «Helden» (oder auch des «Unterlegenen») ähnlich erlebt.

Dauern die Angstzustände, nächtliches Erschrecken oder Somnambulismus (Schlafwandeln) an, sollte eine Erziehungs- oder Familienberatungsstelle aufgesucht werden.

Trennungsangst

Manche Kinder geraten in Panik, wenn sie sich von der Mutter trennen sollen, z. B. beim Eintritt in eine Kindertageseinrichtung, wenn die Mutter verreist oder ins Krankenhaus muss oder wenn das Kind einige Tage zur Oma soll. Dabei werden u. U. frühere Trennungserfahrungen aktualisiert, oder das Kind hat zu wenig positive Erfahrungen im Umgang mit anderen Menschen (Angst vor neuen Kontakten), es ist zu sehr auf seine Mutter oder den Vater fixiert. Die langsame Gewöhnung an zunehmend gesteigerte Trennungszeiten (beginnend von Minuten bis zu Stunden), verbunden mit interessanter Aktivität unter Beteiligung eines Erwachsenen, der die zeitweise Betreuung übernehmen soll, kann diese Angst überwinden helfen. Führt dieser Versuch nicht zum erwünschten Erfolg, sollte ein Fachmann zu Rate gezogen werden.

Angst vor bestimmten Ereignissen oder Objekten

Bei manchen Kindern heftet sich die Angst (Phobie) an bestimmte Gegebenheiten wie Dunkelheit, Gewitter, Tiere (Hunde, Katzen, Pferde, Vögel, Käfer usw.). Selbst wenn man diesen Kindern erklärt, dass ihre Angst unbegründet ist, und sie dies auch einsehen, können sie die Angst nicht unterdrücken. Bei allen häufigen und intensiven Angstzuständen sollte eine Beratungsstelle aufgesucht werden, besonders auch, wenn diese Angstzustände über mehr als drei Monate auftreten.

Schweigen (Mutismus)

Als Mutismus bezeichnet man das Schweigen von Kindern, die zwar das Sprechen gelernt haben, aber freiwillig keinen Gebrauch davon machen. Die Störung kann plötzlich oder auch allmählich auftreten. In manchen Fällen dauert sie wochen- oder monatelang an, sie kann sogar, wenn keine Behandlung eingeleitet wird, über Jahre hinweg anhalten.

Meist beschränkt sich das Schweigen auf bestimmte Personen oder Situationen. Es kommt zum Beispiel häufig vor, dass Kinder Fremden gegenüber schweigen oder beim Eintritt in den Kindergarten bzw. die Schule. Es handelt sich dabei um so genannten eklektiven (ausgewählten) Mutismus.

Nicht in diesen Bereich der psychischen Störungen gehören die so genannten «fröhlichen Mutisten», also Kinder, die sich in ihrem Schweigen wohl fühlen. Dazu können zum Beispiel sehr verwöhnte Kinder zählen, die alles bekommen, ohne es sprachlich verlangen zu müssen. Auch beim Zwillingsmutismus liegt keine Verhaltensstörung vor. Diese Zwillinge entwickeln eine sprachlose Form der Kommunikation untereinander.

Der ernst zu nehmende Mutismus kann nach einem erschreckenden Erlebnis, zum Beispiel nach unmäßigen Strafen, beginnen, ebenso aber auch durch eine Gefahrensituation überraschend durchbrochen werden. Das Symptom tritt nur bei Kindern auf. Eltern sollten bei einer mutistischen Entwicklung eine Familien- oder Erziehungsberatungsstelle aufsuchen.

Einnässen

Ein gelegentliches Einnässen bei Milieuwechsel, bei Müdigkeit, Krankheit, Aufregung oder spannendem Spiel ist bis zum Alter von fünf oder sechs Jahren ganz normal. Eine Störung liegt erst vor, wenn ein Kind nach Vollendung des vierten Lebensjahres fast regelmäßig nachts oder tagsüber einnässt.
Dabei ist zu unterscheiden zwischen Kindern, die nie völlig sauber sind, und solchen, die ein oder mehrere Jahre nach erfolgreicher Sauberkeitserziehung plötzlich wieder rückfällig werden.

Wenn ein Kind auch während des vierten Lebensjahres nicht sauber wird, sollte ein Arzt um Rat gefragt werden. Möglicherweise gibt es organische Ursachen dafür. Bleibt die körperliche Untersuchung jedoch ohne Befund, so liegt der Fehler fast immer in einer verfehlten Sauberkeitserziehung.

Wenn ein Kind nach langer Zeit der Sauberkeit wieder einnässt, ist fast immer ein psychischer Konflikt die Ursache. Im typischen Fall befindet sich das Kind in einem Dauerzustand gespannter und leicht beunruhigender Leistungsbereitschaft; dem steht aber der Wunsch nach unverpflichtetem Entspanntsein gegenüber.
Dieser Konflikt zwischen Leistungsbereitschaft und Leistungsverweigerung lässt sich auch bei erstgeborenen Kindern beobachten, die nach der Geburt eines Geschwisters wieder einnässen.
Eine Behandlung in einer Erziehungs- oder Familienberatungsstelle ist für Kinder und die so belasteten Eltern hilfreich.

Einkoten und Spielen mit Exkrementen

Nach Abschluss des dritten Lebensjahres sollte der Stuhlgang der willentlichen Kontrolle des Kindes unterliegen. Das spätere, wiederholte Einschmutzen der Wäsche tritt als Störung meistens erst ein oder mehrere Jahre nach gelungener Sauberkeitserziehung ein. Das Kind macht hauptsächlich tagsüber in die Hosen. Nächtliches Einkoten ist seltener.

Für das Entstehen des Symptoms kann das Verhalten der Mutter oder des Vaters während der Reinlichkeitserziehung ausschlaggebend sein. Meist handelt es sich um pedantisch saubere Eltern, die zu früh mit einem starren Sauberkeitstraining beginnen, das den spontanen Bedürfnissen des Kindes nicht gerecht wird. Oft bestehen sie streng auf allen ihren Vorschriften und bestrafen Verstöße heftig.
Es ist eine massive Form der Auflehnung, wenn Kinder – ohne es selbst zu merken – zu falschen Zeiten und am falschen Ort ihr Geschäft erledigen. Bettnässen ist bei diesen Kindern oft ein weiteres Symptom.

Das Einkoten nach dem dritten Lebensjahr kommt außerdem bei geistig und seelisch extrem zurückgebliebenen und hirngeschädigten Kindern vor, die häufig auch mit dem Kot spielen, ihn verschmieren oder womöglich sogar aufessen. Vor diesem Alter ist das Spielen und Schmieren mit Kot als normale Unbefangenheit des Kindes anzusehen. Bei anhaltendem Symptom sollte eine Familien- oder Erziehungsberatungsstelle aufgesucht werden.

Schlafstörungen

Schwierigkeiten beim Einschlafen sind im dritten und vierten Lebensjahr sehr häufig. Es handelt sich um eine ganz normale Erscheinung. Erst wenn diese Schwierigkeiten über sechs bis acht Wochen andauern, liegt eine Störung vor.
In dieser Altersstufe löst sich das Kind weiter aus der engen Verbundenheit mit der vertrauten Umwelt, vor allem auch aus der besonderen Beziehung zu seiner Mutter oder anderen Bezugspersonen. Es erlebt sich immer mehr in seiner eigenen Individualität. Die allabendliche Trennung von der Mutter in Verbindung mit den eigenen Lösungswünschen kann dann auch Angst erregend sein.
Diese Angst wird durch geeignete Einschlafrituale (ruhiges Sprechen mit dem Kind, Vorlesen, Streicheln,

Schlaftiere, eventuell Brennenlassen einer kleinen Lichtquelle und Offenlassen der Tür) gemildert.

Schwerwiegend sind die Störungen (meist Durchschlafstörungen), wenn eine instabile Beziehung zur Mutter starke Verlassenheitsängste im Kind mobilisiert. Das kann zum Beispiel sein, wenn sich die Mutter oder der Vater wegen ihrer persönlichen Probleme nicht gleichmäßig ihrem Kind zuwenden können. Auch wenn ein Kind spürt, dass ihm möglicherweise die Trennung von einer geliebten Person droht, entstehen hartnäckige Durchschlafstörungen (Wunsch eines Elternteils nach Trennung vom Partner, insgeheim diskutierte Scheidung, möglicher Verlust eines Elternteils durch Krankheit). Das nächtliche Aufwachen kann dann mit Angstzuständen verbunden sein.

Viele Kinder wandern mehrere Wochen bis Monate lang nachts ins Elternschlafzimmer und können nur dort weiterschlafen. Eine ganze Reihe von möglichen Ursachen kommen dafür in Frage:

- Das Kind ist nicht hinreichend müde.
- Es hat zu wenig Bewegung und körperliche Anstrengung gehabt.
- Die von den Eltern erwartete (Durch-) Schlafdauer von etwa elf Stunden ist zu lang (z. B. von abends 19 Uhr bis morgens 6 Uhr!).
- Das Kind ist durch Fernsehsendungen (auch durch wenige aufregende) so überreizt, dass es durch seine Träume geweckt wird.
- Das Kind erwartet seine Beruhigung und Tröstung ausschließlich durch die Eltern (oder einen Elternteil) – es kann sich selbst zu wenig beruhigen, zu wenig entspannen, zu wenig allein mit sich anfangen (es hat nicht gelernt, auch mit sich selbst längere Zeit auszukommen, es ist nicht ausreichend von den Eltern «abgegrenzt»). Häufig handelt es sich hier um Kinder, die zu wenig mit anderen Kindern spielen (besonders beim Einzelkind möglich).

Wenn einer oder mehrere dieser Gründe vorliegen, muss man versuchen, dem Kind zu mehr Eigenständigkeit zu verhelfen, ein Schlaftier einzuführen, das Kinderbett attraktiv zu machen usw. Auch die Hilfe durch einen Kinder(psycho)therapeuten – insbesondere bei lang anhaltendem Wunsch, nicht allein schlafen zu müssen – kann dazu beitragen, dass das Kind in seinem Bett bleibt.

Aber auch daran ist zu denken: Die Anwesenheit des Kindes in der Nacht kann von einem Elternteil (oder beiden) bewusst oder unbewusst gewollt sein, wenn Störungen in der Partnerschaft vorliegen. Alle Bemühungen, das Kind in diesem Fall wieder an das Schlafen im eigenen Bett zu gewöhnen, werden dann unterlaufen.

Essstörungen

Appetitlosigkeit, Erbrechen

Sehr häufig wird der Arzt aufgesucht, weil das Kind angeblich nicht genug isst und jede Mahlzeit zum Problem wird. Es sei appetitlos, heißt es dann, es esse zu langsam und kaue endlos an einem Bissen. Oft jedoch steht die Besorgnis der Mutter im Gegensatz zum gesunden und lebhaften Aussehen des Kindes. Wenn die Essgewohnheiten gemeinsam untersucht werden, zeigt sich gelegentlich, dass das Kind insgesamt doch genügend isst. Es bekommt oder holt sich selbst Obst, Kekse und nahrhafte Getränke zwischen den Mahlzeiten.

In diesen Fällen entsteht manchmal der Eindruck, dass Mutter und Kind sich gegenseitig betrotzen. Die Mutter bedrängt das Kind regelrecht mit dem Essen. Sie nötigt es, steckt ihm in einem günstigen Augenblick etwas in den Mund oder besteht eisern darauf, dass gegessen wird, was auf den Tisch kommt. Das Kind reagiert mit Verweigerung. Nur widerwillig lässt es sich etwas in den Mund stopfen. Der Ekel vor der aufgezwungenen Nahrung geht bei manchen Kindern so weit, dass sie alles wieder erbrechen.
Das Essen bekommt so eine besondere Bedeutung, es wird zum Kampfanlass. Es ist kein Zufall, dass diese Schwierigkeiten vor allem im dritten Lebensjahr entstehen. Das Kind sucht nach mehr Unabhängigkeit und altersgemäßer Entfaltung.

Nur selten essen Kinder in diesem Alter wirklich zu wenig. Es handelt sich dabei meistens um ungeliebte und offen abgelehnte Kinder.

Fettsucht

Nur selten ist Fettsucht organisch bedingt. Fast immer sind auch die Eltern übergewichtig. Meist bieten sie dem Kind zu viel oder ungünstig zusammengestellte Nahrung an. Manche Eltern beschwichtigen schon das Baby immer wieder mit Nahrung, auch wenn es gar nicht hungrig ist. So lernt es, Unlustgefühle und Unruhe mit verstärkter Nahrungsaufnahme zu bekämpfen. Günstigere Bewältigungsformen werden nicht gelernt. Das Kind bleibt abhängig von der Mutter, die dies durch ihr Verhalten unterstützt. Es neigt zu Bequemlichkeit und zu verborgenen Größenphantasien. Weil das Kind so dick ist, entstehen auch bald Kontaktschwierigkeiten.

Vorübergehend kann sich ein Kind auch so genannten Kummerspeck zulegen, weil es sich in belastenden Situationen (Trennung von einer geliebten Person usw.) durch Essen und Naschen zu trösten versucht. Dieses Essverhalten kann aber auch zur Dauerhaltung werden, wenn das Kind lange eine liebevolle Zuwendung entbehrt.

Verdauungsstörungen

Verstopfung (Obstipation)

Verdauungsschwierigkeiten können auf ähnlichem Wege wie Essstörungen entstehen: Dem Vorgang des Verdauens wird zu große Beachtung geschenkt. Die Mütter betroffener Kinder kontrollieren in übertriebener Weise den Stuhlgang und reagieren besorgt bei kleinen Unregelmäßigkeiten, sie geben sofort Abführmittel, wenn die Verdauung verzögert ist; oft leiden sie selbst an Verstopfung.

Bei den Störungen handelt es sich nur selten um ein organisches Leiden. Ausschlaggebend ist fast immer die Bedeutung, die der Vorgang im Erleben des Kindes besitzt. Während der Sauberkeitserziehung hat es erfahren: Der Kot ist etwas Eigenes, selbst Produziertes. Es kann ihn – wohlwollend – hergeben oder verweigern. Bedrückte oder eingeengte Kinder können mit der Entleerung die Angst verbinden, dass sie zu viel hergeben, sich dabei selbst aufgeben müssen.

Durchfall (Diarrhöe)

Manche Kinder geben aus Angst und Schuldgefühlen über undeutlich gefühlte aggressive Impulse zu viel Stuhl her. Meist sind es abhängige, weiche Kinder, deren Versuch, etwas Konkretes zu leisten, aus Angst scheitert. Sie reagieren auf jede Leistungsanforderung mit Durchfall.

Schmerzzustände

Mit den hier beschriebenen Symptomen sind Schmerzen gemeint, die in unregelmäßigen Abständen immer wiederkehren, zum Beispiel Kopfschmerzen, Bauchschmerzen, Gliederschmerzen mit und ohne Übelkeit oder Erbrechen. Eingehende ärztliche Untersuchungen sind in diesen Fällen unumgänglich. Auch sie können ihre Ursache in seelischen Konflikten haben. Da sie aber erst im Schulalter an Bedeutung gewinnen und außerdem nur sehr schwer von organischen oder konstitutionell bedingten Störungen (nervöse Erregbarkeit) abzugrenzen sind, sollen sie hier nicht weiter besprochen werden.

Weglaufen

Der Fall, dass Kinder in diesem Alter von zu Hause weglaufen, ist sehr selten. Es kommt eigentlich nur vor, wenn ein Kind keine enge, gefühlsmäßige Bindung an seine Bezugspersonen entwickelt hat. Den Hintergrund bildet meist ein extremes Gewährenlassen der Erwachsenen aus Nachlässigkeit, Desinteresse, gelegentlich auch aus falsch verstandener Toleranz. Es kann auch (allerdings extrem selten) eine Störung der Hirnfunktion vorliegen.

Lügen

Kinder besitzen eine lebhafte Phantasie. Sie erfinden gern etwas und geben es als Wahrheit aus, ohne damit bewusst lügen zu wollen. Im Laufe des späteren Vorschulalters kann sich aber bereits eine Entwicklung zu ungehemmtem Lügen anbahnen, wenn das Kind zu wenig Vertrauen zu sich selbst und seiner Umwelt besitzt.

Verständlich ist es, wenn Kinder aus Angst vor harten Strafen lügen. Aber auch in einer toleranten Umgebung können Kinder aufgrund früherer negativer Erfahrungen zu Falschaussagen neigen. Dies ist oft bei Adoptiv- oder Pflegekindern der Fall, die im Heim aufwuchsen. Unaufrichtige Eltern, die ihrem Kind bewusst falsche Informationen z. B. zu sexuellen und anderen Fragen geben, können natürlich ebenfalls das Vorbild für kindliche Lügenhaftigkeit sein, auch Eltern, die für ihre Kinder erkennbar andere Menschen belügen (z. B. am Telefon).

Stehlen

Auch hier muss zwischen harmlosen und ernst zu nehmenden Formen unterschieden werden. Im Alter von drei, vier Jahren gehen manche Kinder noch sorglos mit fremdem Eigentum um. Sie nehmen anderen etwas weg, ohne dass dies als Diebstahl empfunden wird. Ein kleines Auto, ein Püppchen oder das Kuscheltier eines befreundeten Kindes wird eingesteckt und mitgenommen. Wenn der Erwachsene das Kind dann pädagogisch ungeschickt darauf aufmerksam macht, kann es möglicherweise das Mitnehmen eines attraktiven Gegenstands das nächste Mal zu verheimlichen versuchen. Besser ist es, einfach darauf hinzuweisen, dass das andere Kind diesen Gegenstand sicher vermisst, mit ihm möglicherweise spielen will und er deshalb baldmöglichst zurückgegeben werden sollte. Bei dieser Gelegenheit sollten zugleich die reizvollen Spielsachen ins Blickfeld gebracht werden, die das Kind selbst besitzt.

Problematisch wird dieses Wegnehmen, wenn es mehrmals und heimlich geschieht, wenn das Kind die entwendeten Gegenstände versteckt. Das können Spielsachen sein, Geld, aber auch Dinge, die es gar nicht braucht. Auch hier ist möglicherweise das Vertrauen zu den Eltern gestört, und es kann kein ausreichender Kontakt zu anderen Kindern hergestellt werden. Durch das Stehlen verschafft sich das Kind eine Ersatzbefriedigung.
Oft handelt es sich dabei um Kinder, die statt gefühlsmäßiger Zuwendung Geschenke im Übermaß erhalten. So lernen sie, materielle Dinge als Ersatz für Liebe und Beachtung zu betrachten. Diebstähle können auch vorkommen, wenn Eltern dieses Verhalten zwar einerseits bewusst verurteilen, andererseits aber aus Neidgefühlen auf andere dem Versuch der Besitzumverteilung insgeheim zustimmen.

Sprachstörungen

Viele Kinder haben während der Phase des Sprechenlernens zeitweilig Schwierigkeiten mit dem gleichmäßigen Sprachfluss, oft auch noch als Vier- und Fünfjährige. Diese Erscheinung gilt als normal. Manchmal wird dafür die Bezeichnung physiologisches Stottern gebraucht, also entwicklungsbedingtes Stottern. Es entsteht durch die Diskrepanz zwischen dem, was das Kind alles (oft auch noch schnell) ausdrücken will, und seinem begrenzten sprachlichen Ausdrucksvermögen bzw. der Sprechgeschicklichkeit. Vor allem, wenn es aufgeregt ist, möchte es mehr und schneller sprechen, als es eigentlich kann. Das entwicklungsbedingte Stottern legt sich von selbst, wenn der Zuhörer das Kind nicht auf den Fehler anspricht, sondern sich Zeit nimmt und geduldig zuhört.

Das Stottern verfestigt sich gerade in solchen Familien, die großen Wert auf korrektes Sprechen des

Kindes legen und es mit Druck und Ermahnungen – auch liebevoller Art – ständig korrigieren. Das Kind erlebt die Sprache dann nicht als ein selbstverständliches Mittel, sich mitzuteilen, sondern als eine Leistung. Weil die anderen so stark darauf achten, achtet es schließlich selbst darauf. Dadurch wird ihm das Sprechen zum Problem. Seine Sprechangst verstärkt dann das Stottern. Auch das überschnelle Sprechen von Mutter oder Vater können der Grund für das aufgeregte, stotternde Sprachverhalten eines Kindes sein.

In Familien, in denen Konflikte häufig verborgen und Spannungen verdeckt werden, kann ein Kind ebenfalls zu stottern beginnen. Manche Kinder stottern nur in bestimmten Situationen, die emotional besonders belastend sind: Sie blockieren gewissermaßen, und diese Art von Sperre verfestigt sich. Manchen Personen oder ganzen Personengruppen gegenüber verhalten sie sich völlig symptomfrei. Auch beim Singen sind die meisten Stotterer entspannt und stottern dabei nicht.

Therapeutische Möglichkeiten der Eltern

Einfühlen

Soweit die Verhaltensauffälligkeit oder -störung Ausdruck eines Konflikts ist, muss man in allen Fällen zunächst versuchen, diesen Konflikt zu erkennen, z. B. mit Hilfe eines klinischen Kinder(psycho-)therapeuten.

Der Versuch, sich einzufühlen, sich in die Lage des Kindes zu versetzen, seine Gefühle und Empfindungen nachzuvollziehen, seine Ängste und deren Ursachen zu verstehen, kann dabei helfen: Liebt das Kind, das plötzlich wieder einnässt, das neue Geschwisterchen wirklich so, wie es das behauptet (und wie sich die Eltern das wünschen), oder fühlt es sich doch vernachlässigt, wehrt es sich mit unterdrückten Hassimpulsen gegen das Baby? Weiß es zum Beispiel tatsächlich nichts von der bevorstehenden Scheidung, oder spürt es doch die Bedrohung?

In den vorhergehenden Kapiteln wurde verschiedentlich aufgezeigt, welche Konflikte möglicherweise für bestimmte Störungen verantwortlich sein können. Eine Ausnahme davon bilden Psychosen, deren Ursache noch ungeklärt ist.

Schwierig ist das Verstehen, Einfühlen und die Anerkennung als Krankheit bei Auffälligkeiten und Störungen, die eine große Belastung für die Eltern mit sich bringen, wie etwa das Einnässen oder Einkoten. Hier entsteht oft ein Teufelskreis: Die Mehrbelastung macht die Eltern ungeduldig und unzufrieden, sie verstärken den Druck auf das Kind, und damit verschlimmert sich das Symptom.

Ähnliches gilt auch für Auffälligkeiten und Störungen, die nach Meinung mancher Erwachsener – wenn das Kind es nur wollte – beherrschbar wären. Dazu gehört ein Großteil der Verhaltensstörungen. Sie werden häufig als Trotz, Nachlässigkeit oder böser Wille verkannt.

Das Kind bekommt dann womöglich erst recht nicht die Zuwendung und das Maß an Verständnis, das es braucht und nach dem es sich sehnt. Ergebnis: Die negativen Folgen können sich tatsächlich einstellen und die bereits bestehenden Symptome verschlimmern. Der Konflikt bleibt natürlich bestehen, und die Fronten zwischen Eltern und Kind verhärten sich.

Auch ein ästhetisch abstoßendes Symptom (zum Beispiel Haarausreißen oder Ekzeme) – meist unbewusst – kann bei den Eltern die Ablehnung des Kindes verstärken und das Einfühlen in seine Konfliktlage verhindern. Es ist für Eltern vor allem deshalb nie ganz leicht, mit Verständnis und vermehrter Zuwendung das Verschwinden von Symptomen zu erreichen, weil sie erst Distanz zu ihrem eigenen Verhalten und zu dem des Kindes finden müssen.

Warum machen (zum Beispiel) dem Vater oder der Mutter die zerstörerischen oder sexuellen Impulse oder die Schmierlust des Kindes solche Angst, dass er oder sie diese ständig zu unterbinden versucht und so die altersgemäße Entwicklung des Kindes behindert? Zeigen z. B. bestimmte Reaktionen des Vaters nicht an, dass er im Grunde doch enttäuscht ist, dass er auf sein Traumauto und andere Freiheiten verzichten muss? Fühlt sich vielleicht die Mutter nicht doch – trotz ihrer Liebesbeweise – durch das Kind in ihrer Selbstverwirklichung eingeengt? Ist das Kind wirklich so begabt, wie die Eltern es sich vorstellen?

Die wahren Antworten auf solche Fragen können als so selbstverletzend empfunden werden, dass es nur Außenstehenden – zum Beispiel einem Erziehungsberater oder Familientherapeuten – gelingt, sie den Eltern aufzuzeigen. Aus den Ratschlägen eines Therapeuten entstehen oft weitere Probleme für die Eltern. Sie sollen sich zum Beispiel damit abfinden, dass ihr Kind seine unterdrückten (und von den Eltern gefürchteten) Impulse richtig ausleben kann: Eine ängstliche Mutter etwa mit Neigung zur Überfürsorge und Bevormundung muss plötzlich erlauben, dass ihr Kind nur das isst, was es mag!

Nicht immer genügt es, wenn Eltern durch weitgehendes Verstehen und Einfühlen in die Konflikte des Kindes ihr Verhalten ändern. Es ist durchaus möglich, dass das Symptom trotz Toleranz gegenüber seinen unterdrückten Wünschen bestehen bleibt. Bei Tics und beim Stottern wurde beispielsweise besonders häufig beobachtet, dass sich das Fehlverhalten auch nach Auflösung der Konfliktlage nicht löste. Es war zu einer festen Gewohnheit des Kindes geworden. Methoden, die hier weiterhelfen können, sind im nächsten Absatz beschrieben.

Verhaltenstherapeutische Methoden

Verhaltenstherapeuten betrachten ein Symptom weniger als Zeichen des inneren Konflikts von Menschen. Sie halten es vielmehr für ein falsches Verhalten, das gelernt wurde und also auch wieder abgelegt oder abgewöhnt werden kann. Ein Teil der Störungen (zum Beispiel das Einnässen) beruht ihrer Meinung nach darauf, dass das richtige Verhalten einfach nicht erlernt wurde. Sie konzentrieren sich ganz auf eine Veränderung des äußerlich sichtbaren Verhaltens und haben dazu zum Teil sehr wirksame Methoden entwickelt (in den letzten 20 Jahren haben Verhaltenstherapeuten ihr Methodenrepertoire wesentlich erweitert: auch psychodynamische Methoden gehören mittlerweile dazu): Die einen bewirken den Abbau des falschen, die anderen sorgen für den Aufbau richtigen Verhaltens. Problematisch daran ist nach Meinung von Psychotherapeuten, dass zugrunde liegende Konflikte ungelöst bleiben, wenn nur verhaltenstherapeutisch vorgegangen wird.

! Es ist also nötig, die im Folgenden dargestellten verhaltenstherapeutischen Vorgehensweisen jeweils im Zusammenhang mit dem Einfühlen anzuwenden.

Belohnung

Als einfachste Regel gilt: Ignorieren aller Misserfolge und sofortige Belohnung aller Erfolge. Es wird dabei auf der experimentell gefundenen Erkenntnis aufgebaut, dass Belohnung in jeder Form (als Zuwendung, Lob, materielle Belohnung) das wirksamste Mittel ist, um das wünschenswerte Verhalten zu erreichen und zu festigen.

Die Belohnung muss unmittelbar auf die richtige Handlungsweise folgen. Wenn zum Beispiel ein ständig appetitloses Kind essen soll, so wird jeder Essensversuch – auch wenn es zunächst nur sehr wenig isst – sofort belohnt. Isst es nichts, so wird dies weder mit Ermahnungen noch mit einem unzufriedenen Gesicht quittiert, sondern einfach nicht beachtet.
Zu Beginn eines solchen Trainings soll die Belohnung jedes Mal auf das erwünschte Verhalten folgen.

Später braucht nur noch jeder zweite oder dritte Erfolg belohnt zu werden. Allmählich kann man die Häufigkeit der Belohnung weiter verringern und diese schließlich ganz ausfallen lassen. Denn nun ist das richtige Verhalten – im genannten Beispiel das Essen – über die damit verbundenen (assoziierten) angenehmen Erlebnisse selbst zu einer angenehmen Tätigkeit geworden.

Ähnlich kann man auch vorgehen, wenn man ein unerwünschtes Verhalten abgewöhnen will, zum Beispiel das Einnässen. Man lässt das Kind dann dreimal am Tag zu festgesetzten Zeiten auf die Toilette gehen. Dort soll es aber nicht länger als drei Minuten sitzen bleiben. Hat es Erfolg, wird es belohnt (zum Beispiel mit Worten, einem Keks oder Ähnlichem). Bei Misserfolg wird keinerlei Kommentar gegeben. Wenn es zwischendurch einnässt, bekommt es ohne Vorwurf frische Wäsche. Wenn es seinen Harndrang bemerkt und selbst die Toilette aufsucht, wird es belohnt. Die Belohnungen werden so lange fortgesetzt, bis sich das Verhalten ganz gefestigt hat. Rückfälle werden ignoriert.

! Bei der Anwendung von verhaltenstherapeutischen Vorgehensweisen dürfen die Eltern niemals die Frage aus den Augen verlieren, ob sie selbst möglicherweise die Verhaltensstörungen ständig weiter verursachen bzw. wie sie selbst ihr Verhalten ändern müssen.

Nichtbeachtung

Ein Verhalten, das überhaupt nicht beachtet wird, wird relativ rasch unterlassen, es wird als uneffektiv getilgt. Das gilt zum Beispiel für Kinder, bei denen Wutanfälle zu einer Gewohnheit geworden sind. Da sich in solchen Augenblicken alle Aufmerksamkeit auf sie richtet, werden sie immer wieder in ihrem Verhalten bestärkt. Das gilt auch für aggressives Verhalten gegenüber anderen Kindern. Wenn das Kind z. B. damit erreicht, dass es das begehrte Spielzeug um des lieben Friedens willen erhält, wird dieses Verhalten durch den Erfolg belohnt.

Aggressives Verhalten gegenüber Erwachsenen lässt sich oft damit erklären, dass nur so ihre Aufmerksamkeit geweckt werden kann. In diesen Fällen müssen die Erwachsenen zunächst dafür sorgen, dass das Kind mehr liebevolle Zuwendung erhält. Aber auch dann empfiehlt es sich, das ungünstige Verhalten zu ignorieren und das Kind nur zu belohnen, wenn es sich der Situation entsprechend – also nicht unkontrolliert – verhält.

Vor der Anwendung dieser Vorgehensweise (Verhaltensmodifikation) muss man sich fragen, wodurch das Kind in seinem Fehlverhalten bisher bestärkt wurde. Welchen Gewinn zieht es trotz aller unangenehmen Begleitumstände doch aus seinem Verhalten? Welcher Angst will es aus dem Weg gehen? Nur wenn diese Probleme gelöst sind, kann Nichtbeachtung helfen, ein Fehlverhalten zu ändern.

Strafe

In Experimenten hat sich gezeigt, dass ein nicht beachtetes Verhalten schneller verschwindet als eines, das immer wieder bestraft wird. Als Strafe gilt in diesem Zusammenhang bereits die leiseste Form der Missbilligung.

Durch Bestrafung wird ein Verhalten oft fixiert. Das scheint im Gegensatz zur alltäglichen Erfahrung zu stehen, dass nach Strafen erst einmal eine Weile Ruhe herrscht – aber eben nur eine Weile. Oft versuchen Kinder dann, andere Auswege zu suchen – sie beginnen mit Täuschungsversuchen oder Lügen, sie verhalten sich an anderen Orten und unbeaufsichtigt so, wie es die Eltern nicht wollen, sie handeln gegenüber anderen Personen in der strafwürdigen Weise.

Entspannung und Angstverminderung

Wenn ein Kind abends vor dem Einschlafen Angst hat, wird ihm die Mutter oder der Vater eine beruhigende Geschichte erzählen oder ein Bilderbuch mit ihm anschauen. Die Heiterkeit und Ruhe, die davon ausgeht, mindert die Angst und lässt sie schließlich ganz verschwinden.

Wenn klar ersichtlich ist, wovor ein Kind Angst hat – zum Beispiel vor Hunden –, kann das Prinzip der schrittweisen Annäherung versucht werden: Die Mutter oder der Vater nimmt das Kind an der Hand und gibt damit Entspannung und Sicherheit. Das Kind darf den Abstand zum Tier halten, der ihm ungefährlich erscheint. Es wird nicht gezwungen, sich ihm zu nähern. Wenn es sich dennoch einen Schritt näher wagt, wird es belohnt (es wird gelobt, es bekommt einen Keks oder Nüsse usw.). Mehrere Anläufe bzw. Versuche dieser Art an verschiedenen Tagen führen zu einer immer weiteren Annäherung – allerdings darf man den Bogen niemals überziehen: Will man bei einem dieser Versuche zu viel erreichen, kann die Angst des Kindes wieder erheblich verstärkt werden. Die Annäherung darf also nur völlig zwanglos versucht werden – immer nur so weit, wie es für das Kind angstfrei möglich ist.

Bei dieser Methode verdrängen die angenehmen Gefühle mehr und mehr die Anspannung. Für heftige Angstzustände müssen komplizierte und genau einzuhaltende Verhaltenspläne erarbeitet werden. Das ist allerdings Aufgabe eines Verhaltenstherapeuten. Nur in leichten Fällen können Eltern diese Vorgehensweise ohne Hilfe eines Therapeuten handhaben.

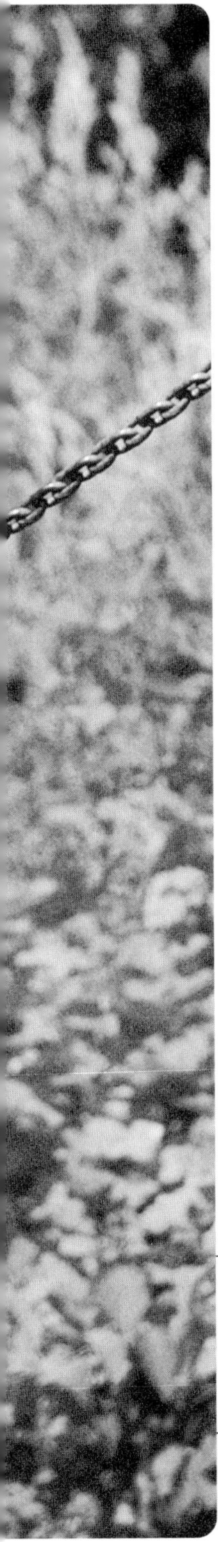

Spiele und Spielzeug

Im Spielen kann der Mensch die Beschränkungen durch Raum und Zeit sprengen. Ganz in einer interessanten Tätigkeit befangen zu sein, in ihr aufzugehen, gehört zu den glücklichen Augenblicken des Lebens.

Das Spiel mit Rollen, Regeln und Einfällen

Das Rollenspiel

Das Kind strebt nun bewusst danach, so zu werden wie die Erwachsenen. Aus diesem Grund interessiert es sich mehr und mehr für das Rollenspiel. Damit ist die Nachahmung der Tätigkeiten und der sozialen Beziehungen anderer gemeint, auch der Erwachsenen in der Umgebung des Kindes. Das Rollenspiel wird zu einer beliebten Beschäftigung.

Voraussetzungen für die Ausgestaltung dieser komplizierten Spielform sind die größere Sprachgeschicklichkeit des Kindes, sein ausgeprägteres Denk- und Vorstellungsvermögen, sein größerer Erfahrungsschatz und seine gute Beobachtungsgabe. Es kann nun verblüffend genau andere Personen im Sprachstil, in den Bewegungen und ihrer Mimik imitieren. Bevorzugt wählt es sich als Vorbild Erwachsene aus. Und hier versucht es, im Spiel der Realität möglichst nahe zu kommen. Deshalb verkleidet es sich gern entsprechend und sucht sich passende Requisiten.

Die Rollen werden mit Bedacht gewählt. Aus der Darstellung selbst können Sie manch eine wertvolle Information über die momentane Situation Ihres Kindes erhalten, auch über seine Probleme. Das Kind kann sich so stark in seine Rolle einleben, dass es auch die dazugehörigen Gefühle wie Angst oder Freude intensiv empfindet.

Manchmal möchte das Kind längere Zeit seiner angenommenen Rolle entsprechend behandelt werden. Es verliert sich aber niemals völlig in der Illusionswelt. Immer weiß es, dass es nur eine Rolle spielt. Es kann sie jederzeit wieder ablegen oder innerhalb des gleichen Spiels eine andere übernehmen. Manchmal verlässt es sie kurzfristig, um einen Mitspieler zu korrigieren

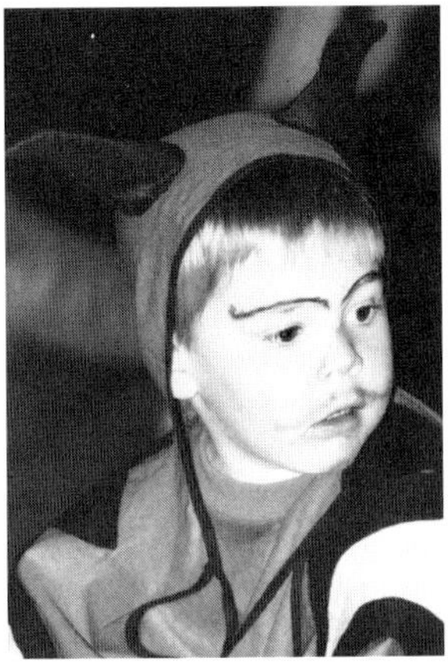 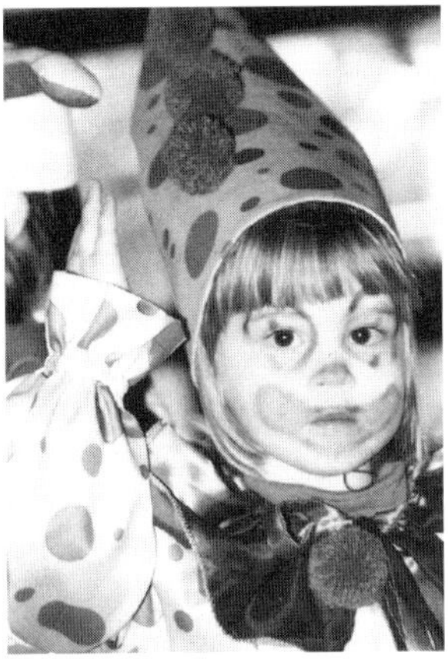 

(«Der Vater macht das aber so!»). Auch das ist ein Zeichen seiner realistischen Einstellung und Kontrolle über das Spiel. Gleichzeitig sind der Phantasie kaum Grenzen gesetzt. Die zuvor geplante Spielabsicht wird immer wieder verändert, überraschende, dramatische Wendungen sind besonders beliebt, gefährliche Situationen tauchen auf und werden bewältigt.

Im Rollenspiel wächst ein Kind in mehrfacher Hinsicht über sich hinaus. Es spielt einerseits Handlungen, die es in Wirklichkeit nicht ausführen dürfte oder könnte (zum Beispiel Feuer löschen, jemanden aus den Flammen retten usw.). Andererseits entwickelt es tatsächlich Fähigkeiten, die es außerhalb des Spiels nicht zeigt. Wenn seine Rolle es verlangt, kann es zum Beispiel mehr Ausdauer aufbringen, Anstrengungen wie Stillhalten oder Schweigen in Kauf nehmen. Auch spontan auftauchende Wünsche kann es dem Spiel zuliebe unterdrücken. Soziale Einordnung und Beachtung von Regeln fallen ihm leichter, vor allem dann, wenn andere Kinder mitspielen, die sein Verhalten überwachen.

Einfache Regelspiele

Jetzt ist Ihr Kind in der Lage, an Spielen teilzunehmen, bei denen sich die Mitspieler nach zuvor besprochenen, für alle verbindlichen Regeln richten müssen (zum Beispiel: «Einer kommt nach dem anderen dran», oder: «Auf eine Aufforderung hin müssen alle das Gleiche tun»). Das Kind gewinnt

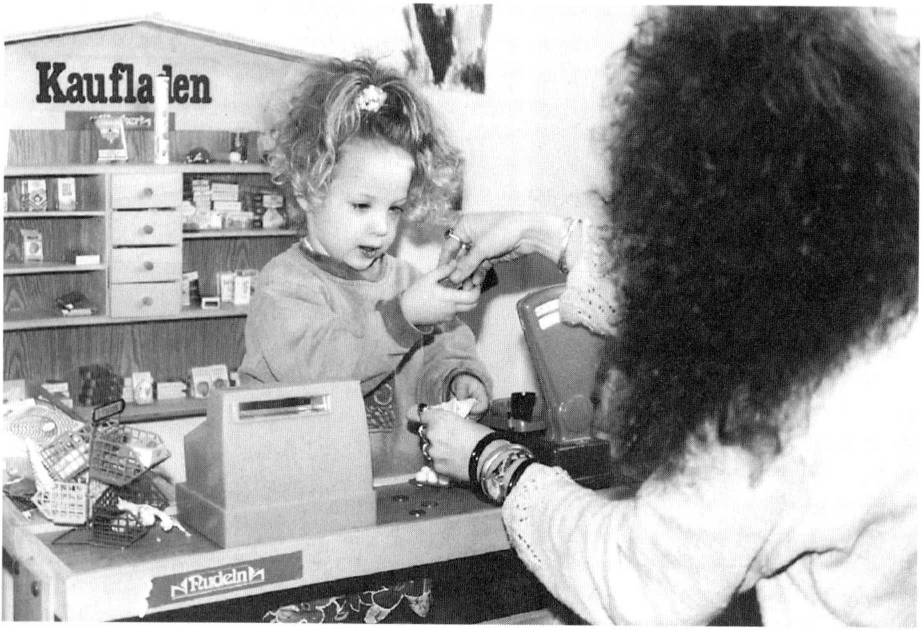

allmählich Freude daran, durch sein richtiges Verhalten einen reibungslosen Spielablauf zu ermöglichen. Allerdings braucht es dabei noch den Erwachsenen, der die Spielaufgaben und die einzuhaltenden Regeln erklärt, der notfalls schlichtend und helfend eingreift.

Sind die Regeln einfach und verständlich, wie zum Beispiel beim Versteckspielen, bei «Häschen in der Grube» usw., werden sie leicht eingesehen und eingehalten. Neben diesen Bewegungsspielen machen ihm jetzt auch einfache Formen der so genannten Gesellschaftsspiele Spaß: Bilderwürfel, Memory, Bilderlotto, schwarzer Peter usw. – auch diese Spiele sind ja Regelspiele.

Die Regeln einzuhalten ist schwierig, weil es meist Gewinner und Verlierer gibt. Deshalb braucht das Kind für diese Spiele anfangs einen erwachsenen Spielpartner, der auch mal ein Auge zudrückt, wenn das Kind die Regeln zu seinem eigenen Vorteil verändert. Wenn Ihr Kind die Regeln zu oft nicht einhält, sollten Sie dieses Spiel noch eine Weile zurückstellen.

Denkspiele

Natürlich muss das Kind bei allen Spielformen denken. Und Denken spielt auch eine wesentliche Rolle bei den im Anschluss beschriebenen «didaktischen Spielen».

Hier sind jedoch die Spiele gemeint, bei denen das Kind seine neu entdeckte Fähigkeit des Denkens ohne Aufforderung ganz bewusst zur Lösung von Aufgaben einsetzt. Dazu gehören etwa die Rätselspiele. Sie werden von nun an immer beliebter.

Das Kind stellt sich selbst Aufgaben und grübelt dann an der Lösung. Es macht ihm Spaß, sich zu überlegen, wie es etwa aus rechteckigen Steinen ein vorgegebenes Muster, zum Beispiel einen Kreis, bilden könnte. Dabei geht es weniger um ein exakt rundes Gebilde. Wichtig daran ist vielmehr, dass dem Kind eine selbst gestellte Denkaufgabe gelingt. Auch bei einfachen Brettspielen entwickelt es nun Strategien. Um etwas über die Dinge zu erfahren, wählt es nur noch selten den «Versuch-Irrtum-Weg». Stattdessen überprüft es in planvollen Spielen seine Hypothesen. Auch die vielen «Warum-Fragen» in diesem Alter werden vom Kind oft als eine Art Spiel betrieben.

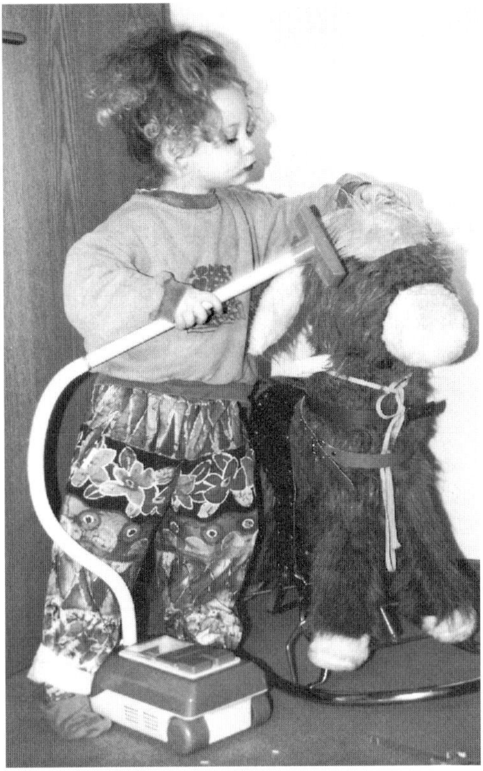

Eine spezielle Form von Denkspielen ist das Sammeln von Objekten nach eindeutigen Gesichtspunkten. Allerdings werden die gesammelten Dinge anschließend kaum verwendet, sondern geraten rasch in Vergessenheit.

Spiele mit Lernaspekt – didaktische Spiele

Beim Spielen lernt es sich besonders leicht. Es finden sich dabei nämlich alle didaktisch wichtigen Voraussetzungen:

- eine aktive und positive Haltung dem Problem gegenüber,
- die Bereitschaft zur Wiederholung,
- Interesse an der Sache.

Bei den meisten Spielformen übt man die fünf Sinne, Denken und Fühlen, Körperbeherrschung, Realitätsanpassung usw.
Didaktische Spiele werden vom Erwachsenen an das Kind herangetragen, um es in einem begrenzten Bereich zum Lernen zu veranlassen – zum Lernen beim Spielen. Gleichzeitig sind didaktische Spiele eine hervorragende Übung für Aufmerksamkeit, Ausdauer und Leistungsbereitschaft. Viele im Lernspielprogramm beschriebenen Übungen sind solche didaktischen Spiele. Spezielle Lernspiele, die auf das Lesen, Schreiben und Rechnen vorbereiten, werden für diese Altersstufe allerdings noch nicht empfohlen.

Kriterien für die Anschaffung

Didaktisches Material sollte so konstruiert sein, dass es zur Auseinandersetzung mit vorgegebenen Problemen auffordert. Bei Montessori-Spielmaterial ist das zum Beispiel uneingeschränkt der Fall. In guten Spielen kann das Kind selbst die gestellten Aufgaben entdecken und sie

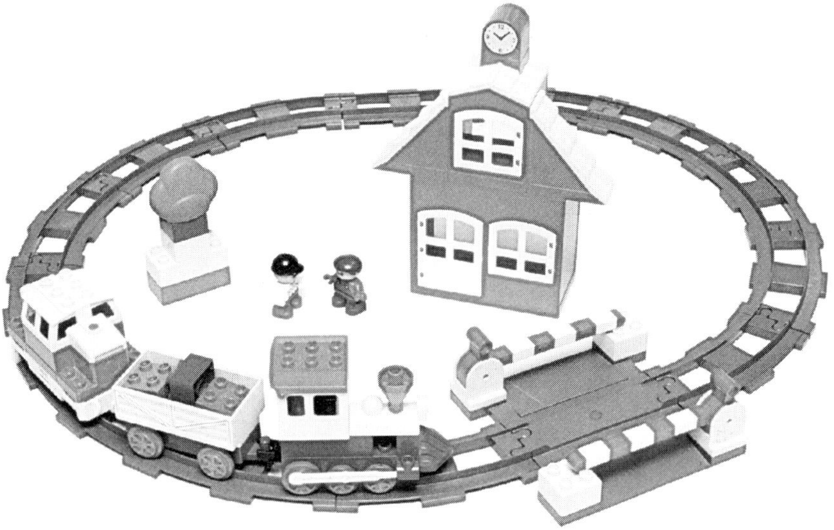

weitgehend ohne die Hilfe von Erwachsenen lösen. Gleichzeitig kann es allein überprüfen, ob es richtig vorgegangen ist. Das Material sollte auch leichtere Aufgaben enthalten. Gelingt dem Kind die Lösung, schöpft es Mut, sich später auch schwierigere Aufgaben herauszusuchen.

Beim Kauf solcher Spiele sollten Sie den Leistungsstand und die Vorlieben Ihres Kindes mit bedenken. Auch sollten Sie nicht darauf beste-

Die Empfehlung bzw. das Qualitätssiegel «spiel gut» ist beim Kauf für Sie eine wertvolle Hilfe. Der Arbeitsausschuss Kinderspiel + Spielzeug e. V. in Ulm (Tel. 0731–65653) bewertet die ihm eingereichten Spiele und verleiht nach pädagogischem Wert diese Auszeichnung (Voraussetzung: Erfüllung der europäischen Sicherheitsnormen, also mechanische, chemische, elektrische Sicherheit, niedrige Entflammbarkeit). Von Zeit zu Zeit wird von diesem Arbeitsausschuss die Liste des ausgezeichneten Spielzeugs veröffentlicht: Das Spielzeugbuch. 24. Verzeichnis des *spiel gut* ausgezeichneten Spielzeugs *(Ulm 2002)*.

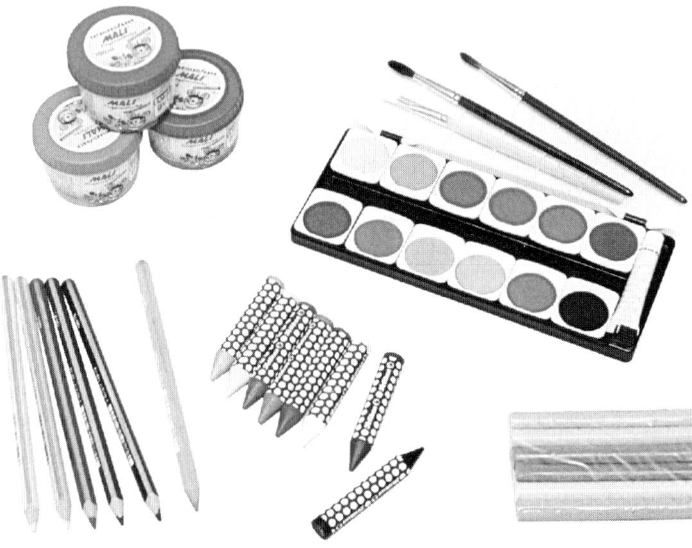

hen, dass das didaktische Spielmaterial nur «regelgemäß» verwendet wird. Das Kind sollte ruhig entsprechend seinen besonderen Bedürfnissen damit umgehen dürfen. Auf keinen Fall sollte sich Ihr Kind ausschließlich mit didaktischen Spielen beschäftigen. Damit würde es zu sehr eingeengt und zu einseitig beansprucht.

Ein insgesamt in sich geschlossenes und pädagogisch stimmiges System von Lernspielen hat sich bisher noch nicht durchgesetzt, sodass Sie die Auswahl immer frei nach den Gegebenheiten treffen müssen. Zu den didaktischen Spielen gehören u. a. Konstruktionsbaukästen, Puzzles, Steckspiele, Mosaike, Lege- und Wissensspiele. Daneben sind aber auch Werkzeuge, Musikinstrumente, Zeichen- und Bastelmaterial, Turn- und Gymnastikgeräte als didaktisches Material zu bezeichnen, die dem Kind einen großen Spielraum für kreative Initiative ermöglichen.

Eltern als Mitspieler

Didaktische Spiele werden in Montessori-Kindergärten (Leitziel: «Hilf mir, es selbst zu tun») in großem Umfang eingesetzt – in den Niederlanden gibt es davon sehr viel mehr als in der Bundesrepublik Deutschland.

Kinder sehen bei den anderen, vor allem älteren Kindern zu, wie man damit spielt, sie erhalten aber auch die Hilfestellung durch die Erzieherinnen. In der Familie fehlt meist dieses Vorbild anderer Kinder, sodass den Eltern vermehrt die Aufgabe der Anleitung zufällt.

Genaues Beobachten, Herausfinden der kleinen Schwierigkeiten, die ein Kind hat, und Hinweise und Tipps zu geben, wo das Kind allein nicht weiterkommt – das ist die Aufgabe des guten Anleiters, also sich selbst zeitweise überflüssig zu machen. Das ist nicht leicht. Für das Selbständigwerden des Kindes ist aber gerade diese Haltung wichtig.

Wenn Sie nicht die Rolle des Anleitenden, sondern die des Mitspielers einnehmen, geht vieles einfacher: Ihr Kind beobachtet bei Ihnen, wie das Spiel funktioniert, und Sie können die erfolgreichen Vorgehensweisen anwenden, ohne sie «schulmeisternd» zu demonstrieren.

Lernspielprogramm

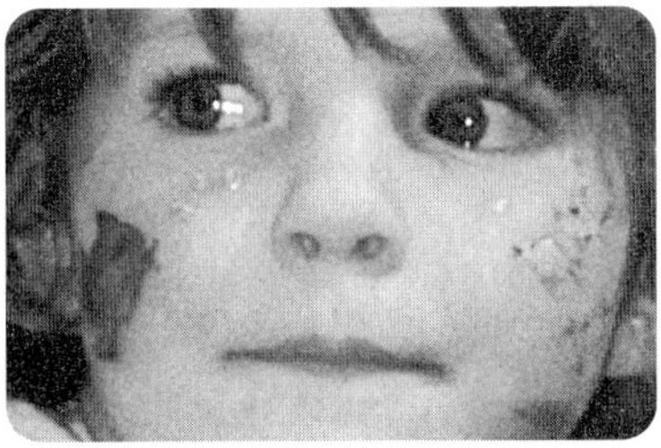

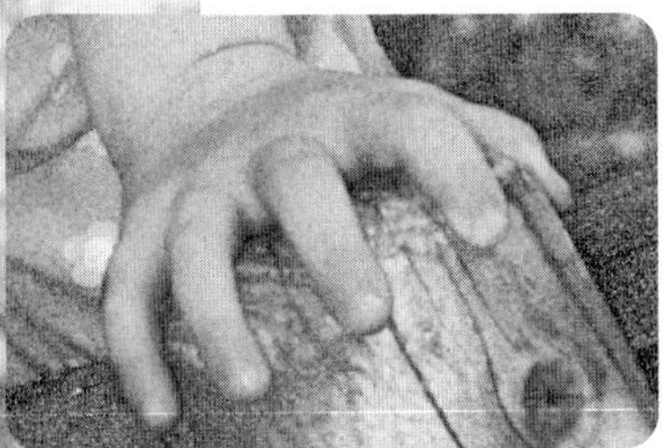

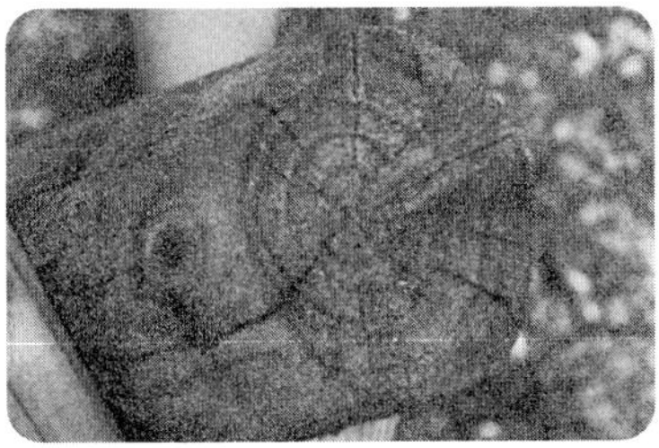

Hanna sprüht vor Aktivität und Intensität. Sie überwindet im Spiel mühelos Barrieren, die sie dazu aufgefordert unter Erwartungsdruck vielleicht nicht bewältigen würde. Eltern sollten diese Energie zulassen und ihrem Kind dafür ansprechende Aktivitätsfelder eröffnen.

Vorschulerziehung – auch eine Aufgabe der Eltern

Die Situation der Vorschulerziehung heute

Besonders treffend ist der Ausdruck «Vorschulerziehung» nach heutigem Verständnis nicht, der Ausdruck «Frühpädagogik», der in den letzten Jahren häufiger verwendet wurde, allerdings ebenso wenig. An dem ersten Begriff stört die Beziehung zur Schule, am zweiten, dass «Vorschulkinder» dabei fast ausgeschlossen sind (bei der «Frühpädagogik» denkt man zunächst an die ersten drei Lebensjahre). Wir verwenden hier den Begriff Vorschulerziehung, weil er auf die nächste Lebensphase verweist und sich bisher kein wesentlich besserer Begriff gefunden hat.

Schließlich erinnert er auch an eine wichtige Phase der Bildungspolitik in den Jahren zwischen 1970 und 1975, als der Kindergarten teilweise in seinem Bestand in Frage gestellt war: Eine zweijährige Eingangsphase als erste Stufe des Primärbereichs (Schule) wurde für fünf- bis sechsjährige Kinder gefordert, davor sollte der Elementarbereich (Kindergarten) für drei- bis vierjährige Kinder eingerichtet werden.
Die positiven Stürme der damaligen Kindergartenreform haben sich (leider) gelegt, und viele wichtige Initiativen sind seither erlahmt, unter anderem, weil die durchschnittliche Berufstätigkeitsdauer der Erzieherinnen damals unter zehn Jahren lag: Somit schieden zu viele an Modellversuchen beteiligte Pädagoginnen aus dem Beruf aus. (Das zuständige Ministerium der Bundesrepublik Deutschland setzte nach 1970 zunehmend andere Prioritäten, und damit reduzierte sich die Anzahl der finanzierten Projekte und Modellversuche drastisch: Die Aufbruchswelle der vorschulischen Pädagogik verebbte, zu wenig Erzieherinnen waren danach in weiterführende interessante Projekte eingebunden.)

Heute bleiben die Erzieherinnen länger in ihrem Beruf, sodass vielleicht deshalb mit einem ansteigenden Engagement, bezogen auf höhere und qualifiziertere Ausbildung, kontinuierliche und intensive Fortbildung sowie auf berufspolitische Zielsetzungen, zu rechnen ist. Jedenfalls sind erhebliche Anstrengungen im Bereich der Aus- und Fortbildung notwendig, damit die Erzieherinnen den steigenden Erwartungen gerecht werden können, die sich durch den raschen Wandel der Gesellschaft ergeben.

Sehr bedenklich stimmt, dass bei einem Vergleich der Erzieherinnenausbildung in der Europäischen Union die Bundesrepublik Deutschland mit ihrem Ausbildungssystem und dem vorausgesetzten Bildungsabschluss (mittlerer Schulabschluss / mittlere Reife) an 14. Rangstelle von insgesamt 16 einbezogenen Staaten landet – dieses Versäumnis wird die Bundesrepublik auf Dauer noch teuer zu stehen kommen!

Mit der Einführung des Rechtsanspruchs auf einen Kindergartenplatz (1. 1. 96 – mit Übergangsregelung allerdings bis 1. 1. 99) entstand ein hoher Bedarf an weiteren Mitarbeiterinnen im Bereich der Kindergärten – dafür suchte man vermehrt Kinderpflegerinnen, und in Schnellkursen wurden Eltern gefördert, daneben erhöhte man noch in einigen Bundesländern die Anzahl der in einer Gruppe führbaren Kinder als weitere, die pädagogische Qualität senkende Maßnahme. Der wichtigste Weg, nämlich qualifizierte Fachkräfte über eine anspruchsvollere Ausbildung und – darauf fußend – eine höhere tarifliche Einstufung zu gewinnen, wurde bisher nicht beschritten.

Mit dem In-Kraft-Treten des neuen Kinder- und Jugendhilfegesetzes (KJHG, 1991) gibt es allerdings eine nennenswerte neue bundeseinheitliche Initiative im Bereich der Tageseinrichtungen für Kinder. Darin ist festgeschrieben, die Betreuung, Erziehung und Bildung für Kinder neu zu ordnen. Allerdings sind dafür keine größeren finanziellen Anstrengungen eingeplant, sodass die Umsetzung noch längere Zeit in Anspruch nehmen dürfte. (Bis 1999 zeigten sich erst wenig Erfolge.)

Ihre persönliche Initiative ist nötig

Nach wie vor ist vor allem die Initiative der Eltern erforderlich, wenn die große Lernbereitschaft und Lernfähigkeit in dieser Altersstufe genutzt werden soll. Dies ist umso notwendiger, je mehr Einschränkungen das dreijährige Kind in seinem näheren Lebensumfeld, vielleicht auch in der Familie, erfährt. Dazu gehören zum Beispiel folgende Situationen:

- Das Kind kann keinen Kindergarten besuchen, weil es keinen Platz findet oder weil die Entfernung dahin zu groß ist.
- Das Kind wächst als Einzelkind auf und hat nur wenig Kontakt zu gleichaltrigen bzw. etwas älteren Kindern.
- Vater und Mutter sind ganz- oder halbtags berufstätig. Der dann in der Regel auf das Kind ausgeübte Druck (wenig Zeit, Überanstrengung der Eltern) belastet die Beziehungen zwischen Eltern und Kind. Das Kind wird eingeengt und erlebt nur zeitweise einen ausgewogenen und befriedigenden Elternkontakt.
- Die Familie lebt in einer erheblichen Krise, z. B. durch Tod oder lange, schwere Krankheit eines oder beider Elternteile, durch Arbeitslosigkeit oder eine den Bestand der Familie bedrohende Ehekrise oder bereits erfolgte Trennung mit möglicherweise Wiederheirat. Das alles sind erhebliche Probleme für das Kind.
- Ungünstige wirtschaftliche Lage der Eltern: Sie können nicht das für die optimale Entwicklung notwendige Anregungsmaterial kaufen, das Kind hat keinen aus-

reichenden Platz zum Spielen in der zu engen Wohnung, die Familie kann kaum «anregende Umwelten» aufsuchen, das heißt Ausflüge und Besichtigungen unternehmen.
- Die Eltern sind selbst nur unzureichend ausgebildet. Sie wissen zu wenig über die Lösung von Erziehungsproblemen und über die Art der günstigen Förderung.

Treffen auf eine Familie mehrere der hier aufgeführten Gründe zu, stellt sich umso dringlicher die Frage nach einer gezielten, intensiven Förderung.
Dies kann auch auf Sie zutreffen, wenn Sie beobachten, dass sich Ihr Kind gelegentlich langweilt, dass es besonders wissbegierig ist, dass es viele Fragen stellt. Bekanntlich sind sehr viele bedeutende Künstler und Wissenschaftler in ihrer frühen Kindheit sehr intensiv und vielseitig durch Hauslehrer oder durch die eigenen Eltern (oft Pädagogen) angeregt und gelehrt worden – jede intensive Förderung im Elternhaus nützt einem Kind.

Wie kann ich mein Kind fördern?

Wie können Sie Ihr Kind optimal auf die nächsten Lebensjahre und auf die Schule, aber auch auf sein späteres Leben vorbereiten? Institutionen wie der Kindergarten können Ihnen zwar bei dieser Aufgabe helfen – sie können Ihnen aber weder die Verantwortung abnehmen, noch sind sie, wie oben ausgeführt wurde, derzeit in der Lage, allen Kindern die optimale Unterstützung zukommen zu lassen.

In den nächsten drei Lebensjahren Ihres Kindes geht es darum, seine Entwicklung in allen Persönlichkeitsbereichen, also in seiner geistigen (kognitiven), sozialen, emotionalen und körperlichen Entwicklung (um nur die wichtigsten Bereiche anzusprechen), intensiv weiter zu fördern.

Wenn Sie die Entwicklungsanregungen der Bände 1 bis 3 durchgeführt haben, wird es Ihrem Kind leichter fallen, die nun folgenden Übungen mitzumachen. Aber auch ohne diese Vorbereitung können Sie das Lernspielprogramm für Ihr Kind beginnen: Starten Sie einfühlsam und ruhig und unter möglichst weitgehender Berücksichtigung der Wünsche Ihres Kindes.

Das Kind erwirbt seine Fähigkeiten und Fertigkeiten durch Lernen. Es sammelt nicht nur Wissen an, sondern es erfährt Handlungsabfolgen,

Motivationen, Selbständigkeit und Verantwortlichkeit. Es lernt besonders auch, die Forderungen, die es an sich selbst stellt (Anspruchsniveau), seinen (wachsenden) Fähigkeiten anzupassen. Diese Lernprozesse erfolgen nicht kontinuierlich, sondern in Schüben. Perioden schnellen Lernens wechseln ab mit Zeiten, in denen es keine auffälligen Lernfortschritte gibt.
In den Ruhe- bzw. Erholungsphasen wird dem Kind das neu erlernte Verhalten selbstverständlich. Es übt das Neue ein und bildet dabei Gewohnheiten aus, die es nicht mehr verlieren wird. Auf ein solches «Lernplateau» folgt dann wieder ein erneuter steiler Anstieg in der Lernleistung – das nächsthöhere Plateau wird erreicht.

Lernanstieg und Lernplateau dauern in jedem Lernbereich unterschiedlich lang, und sie sind auch von Kind zu Kind verschieden. Verlassen Sie sich also nicht auf allgemeine Ratschläge, die feste Zeiten angeben («Kinder lernen erst mit fünf Jahren, wie man die Straße sicher überquert!» usw.). Richten Sie sich stattdessen nach Ihrem Kind. Lassen Sie es zum Beispiel in Ruhe, wenn es sich gerade mit einer Sache oder einem Spielzeug intensiv befasst – ermöglichen Sie ihm seine Selbstbeschäftigungsphasen. Wenn es sein Spiel beendet hat oder wenn ihm ersichtlich langweilig ist, machen Sie ein Lernangebot. Sie merken ja, ob es gerade ganz in ein Spiel vertieft ist oder ob es auf Sie zukommt – indem es Fragen an Sie stellt oder einfach Ihre Nähe sucht. Das ist dann oft ein Zeichen dafür, dass Ihr Kind eine Anregung braucht. Das kann eine Variante des vorhergehenden Spiels sein oder etwas ganz Neues.

Am Interesse des Kindes erkennen Sie auch, wo Sie Schwerpunkte setzen sollten. Geben Sie ihm also Anregungen, die es gern akzeptiert – dort besteht ein Lernbedürfnis. Bedenken Sie: Solange Ihr Kind nicht eine Reihe von Varianten und Abwandlungen kennen gelernt, erprobt und geübt hat, kann es nichts Neues dazuerfinden. Seine Kreativität entfaltet sich nur optimal vor einem Hintergrund von Erfahrungen, Wissen und Handlungsmustern.
Sie können also schon jetzt beginnen, Ihrem Kind diejenigen Lernplateaus erreichbar zu machen, die es in den nächsten Jahren braucht. Auch ein wenig gefördertes Kind kann innerhalb kurzer Zeit überraschende Lernfortschritte machen, wenn es zum Beispiel einer Lehrerin besonders große Sympathie entgegenbringt. Aber darauf sollten Sie

sich nicht verlassen. Besser ist es, wenn Sie Ihr Kind nach und nach auf alle Fähigkeiten und Fertigkeiten, die es in der Schule benötigen wird, vorbereiten.

Das Lernspielprogramm der Elternbuch-Reihe in den Bänden 4, 5 und 6 ist so angeordnet, dass Ihr Kind im ersten Schuljahr keinerlei Schwierigkeiten haben wird. Es soll in der Schule von Anfang an das Gefühl haben, dass es allen Anforderungen gewachsen ist. Wenn es sich dagegen als leistungsschwach erlebt, wird es entmutigt und verliert die Motivation zum Weiterlernen.

Selbstverständlich hat das Lernspielprogramm nicht nur die Funktion der Schulvorbereitung. Bereiche, die in der Schule wenig oder gar nicht gefördert werden, sind hier ebenfalls angesprochen. Es bringt also die gesamte, systematische Förderung, die für das jeweilige Lebensjahr geeignet ist.

Der Kindergarten hilft Ihnen

Besucht Ihr Kind einen Kindergarten? Wenn ja, haben Sie eine große Hilfe. Ihr Kind hat in diesem Fall genügend sozialen Kontakt. Es erlebt, wie bestimmte Projekte durch die Teilnahme mehrerer Kinder interessant und spielbar werden (Theater- und Rollenspiele, Bauspiele mit größerem Material, Partnerspiele bei Gymnastik usw.). Außerdem bringt es Anregungen mit nach Hause, die Sie aufgreifen können. Sie haben dann – im günstigen Fall – auch den Vorteil, dass eine schwierige Aufgabe bereits im Kindergarten geleistet wurde, die Motivierung.
Halten Sie nach Möglichkeit ständig Kontakt mit der Erzieherin und besprechen Sie sich bei Erziehungsproblemen, insbesondere wenn Ihr Kind von negativen Erlebnissen aus dem Kindergarten berichtet. In vielen Fragen wird auch ein Gedankenaustausch mit anderen Eltern der Kindergruppe sinnvoll sein.

Sie sollten sich nicht dazu verleiten lassen, deshalb weniger mit Ihrem Kind zu spielen, damit es etwa «selbständiger wird». Verzichten Sie nicht auf den wichtigen Kontakt zu Ihrem Kind über Lernspiele und andere spielerische Beschäftigungen.

Gemeinsames Spielen und Lernen

Sie sollten – unabhängig vom Kindergarten – auch weiterhin die Grundlage pflegen, die den guten

sozialen Kontakt und die Kommunikation zwischen Ihnen und Ihrem Kind ermöglicht hat: etwas gemeinsam tun, mit ihm Spaß haben, es für Dinge interessieren und seine Wissbegier befriedigen. Indem Sie seine Fähigkeiten und Begabungen weiterentwickeln, machen Sie Ihr Kind sicherer und selbständiger.

Gestalten Sie das Programm so, dass sich Ihr Kind nicht langweilt. Alles sollte ohne Zwang erreicht werden. Begründen Sie Ihre Anordnungen und geben Sie ihm gelegentlich mehrere Angebote, unter denen es wählen kann.

Wenn Sie nicht sicher sind, ob Sie sich Ihrem Kind gegenüber richtig verhalten, sollten Sie sich ruhig einmal schriftlich mit dieser Frage auseinander setzen. Notieren Sie zum Beispiel, wie oft Sie etwas von Ihrem Kind verlangen und wie oft Sie selbst eine seiner Bitten erfüllen. Überwiegen Ihre Forderungen («Zieh deine Schuhe aus», «Wasch deine Hände», «Hör jetzt auf zu spielen und räum auf»), sollten Sie Ihr Verhalten ändern und für ein besseres Gleichgewicht zwischen Anordnungen und Erfüllung der Wünsche Ihres Kindes sorgen. Sie werden überrascht sein, wie verständnisvoll Ihr Kind dann auch auf Ihre Wünsche eingeht. Sie erleben es dadurch viel mehr als einen vernünftigen und einsichtsvollen Gesprächspartner und nicht als «lästiges», nur durch ständige Befehle und Mahnungen lenkbares Wesen. Nehmen Sie sich viel Zeit und schieben sie Ihr Kind nicht ab, auch wenn es alle zehn Minuten mit einer neuen Frage oder einem Wunsch kommt.

Welche Persönlichkeitsbereiche sollen gefördert werden?

Sie möchten nun sicher genau wissen, was ein Kind im vorschulischen Alter eigentlich lernen soll. Schon an anderer Stelle wurde betont, dass mit dem Begriff «Lernen» nicht nur die schulbezogene Aneignung von Wissen gemeint ist, sondern das Lernen im weitesten Sinne des Wortes.
Alles, was ein Mensch kann, hat er einmal gelernt. Er hat es geübt, bis es ihm zum sicheren Besitz wurde. Lernen kann man so verschiedene Dinge wie Roller fahren, die Wirkungsweise eines Magneten erproben, sich mit Worten gegen ungerechte Kritik wehren, sich auf einen anderen Menschen einstellen, eine Katze aus Ton formen, keine Angst vor Hunden haben usw.

In den beiden vergangenen Jahrzehnten wurden verschiedene Versuche unternommen, die Inhalte des Lernens für die einzelnen Altersstufen zu erfassen. Vor allem in den USA beschäftigte man sich mit dieser Frage, aber auch in der Bundesrepublik Deutschland. Dabei hat sich herausgestellt, dass ein Ordnen der verschiedenen Lernziele außerordentlich schwierig ist. Sie wurden beispielsweise von einigen Wissenschaftlern nach den psychischen Prozessen (Wahrnehmen, Denken, Sprechen, Wissen, Fühlen usw.) geordnet, andere richteten sich nach den üblichen Schulfächern (wie Deutsch, Mathematik, Biologie, Erdkunde usw.).

Schließlich liegt seit 1978 für den vorschulischen Erziehungsbereich ein pädagogischer Ansatz des Deutschen Jugendinstituts e. V. vor, nach Situationen und Projekten zu ordnen: Erzieherinnen in Kindergärten legen oft diese Art des pädagogischen Vorgehens, genannt Situationsansatz, ihrer Arbeit mit den Kindern zugrunde.

In der Elternbuch-Reihe wird überwiegend nach den psychischen Funktionen eingeteilt und zugeordnet: Es werden die Bereiche Wahrnehmen und Denken unterschieden, daneben der Bereich Wissen, unterteilt in einzelne «Disziplinen». Zentrale Lernfelder, wie zum Beispiel Sprechen und Sprache, werden gesondert behandelt, obwohl das Sprechen ja zum Denken, sozialen Verhalten und Wissen gehört. Gestalten, Musikerziehung und Körpertraining haben ebenfalls eine große Bedeutung und werden deshalb in eigenen Kapiteln dargestellt. Zur praktischen Umsetzung werden Situationen und Projekte (Aufgabenstellungen) angeboten, mit denen die gewünschten Lernprozesse am günstigsten erzielt werden.

Ein Beispiel zeigt, dass eine klare Zuordnung von Lernzielen und Übungen schwierig ist: Ein Kind lässt einen Ball schnell hintereinander auf einen Steinboden aufprallen. Dabei können sich unter anderem die folgenden Lernprozesse abspielen:

- Förderung/Entwicklung der Wahrnehmung;
- Ausbilden der Kooperation von Auge und Hand, des Zusammenspiels von Hand und Ball sowie von Auge und Ball;
- Sammeln von Erfahrungen über das Springverhalten eines Balls bei bestimmten Bodenverhältnissen;
- Üben einer Fertigkeit, Steuerung der Feinmotorik und des Reaktionsvermögens;

- Trainieren verschiedener Muskelgruppen des gesamten Körpers.

Überschneidungen der Lernfelder wie hier gibt es in jedem Fall, auch bei scheinbar eindeutigen Vorgängen. Auch innerhalb der psychischen Prozesse ist mehrfache Zuordnung möglich. Demnach kann also sowohl die Bildung der Lernfelder als auch die Zuordnung einzelner Übungen zu einem Bereich nur mehr oder weniger zweckmäßig sein.

Durch die Art der Zuordnung in den Elternbüchern werden insgesamt alle psychischen Bereiche, Verstehen und Wissen, alle Fähigkeiten und Fertigkeiten, Einstellungen, Interessen und schließlich auch Handlungsmuster so angeregt und gefördert, wie es dem jeweiligen Entwicklungsstand des Kindes und der erwünschten Weiterentwicklung entspricht. Mit der Betonung der psychischen Prozesse wird gleichzeitig – auch das ist ein wichtiger Gesichtspunkt – klar, dass es nicht um die Anpassung des Kindes oder um die Situation, sondern um die Entwicklung der Persönlichkeit geht.

Situationen oder die Umgebung können allerdings eine sehr güns-

tige, motivierende Wirkung auf die Lernvorgänge haben: Das Kind sieht sofort den Erfolg und kann das Gelernte gleich anwenden. Es geht jedoch immer zugleich darum, dass es in einer bestimmten Situation auf künftige ähnliche Gegebenheiten und ihre Bewältigung vorbereitet wird. Auch das wird deutlicher mit einem Beispiel (zugleich soll dieses Beispiel auch zeigen, wie stark eine gegebene Situation motivieren kann im Vergleich mit einer zu beliebiger Zeit vorgetragenen Erklärung):

Sie nehmen für die Ferien den kleinen Hund einer Freundin in Pflege. Wenn das Kind sich über den Besucher freut, wird es sofort alle Informationen, die den Hund betreffen, begierig aufnehmen. Es will wissen, was er gern frisst, wo er schlafen kann, ob er gern spazieren geht usw. Die neue Situation führt «schlagartig» zu einer Lernmotivation, durch die das Lernen auf leichte Weise in Fluss kommt. Umständliche Vorbereitungen für die Aufnahme von Informationen sind überflüssig.

Im Situationszusammenhang können viele Lernerfahrungen eingebracht werden, die sonst isoliert wären oder außerhalb des Blickfeldes bleiben würden: gesunde Ernährung des Hundes, wie man einen Platz für das Tier herrichten kann, wie man den Hund «verstehen» kann usw. Das Kind wird sich in dieser neuen Situation auch leicht an frühere Erfahrungen mit Hunden und sein Wissen darüber erinnern. Es hat sicher schon beobachtet, wie andere Kinder einen Hund behandeln, wie sie ihn streicheln, wie er gefüttert wurde, wo er schlief usw. Jetzt kann es alle früheren Informationen auf die neue Situation anwenden. Und die neuen Erfahrungen wird es später einmal wieder verwerten: wenn es einen eigenen Hund bekommt, wenn es sich einen Vogel halten darf oder wenn es von einem Freund um Ratschläge zur Hundehaltung gebeten wird.

Das Lernen anhand eines «Aufhängers», der das Kind interessiert, bereitet also nicht nur auf künftige ähnliche Situationen vor, sondern weckt auch frühere Informationen. Deshalb sollten Sie stets versuchen, verschiedene Lerninhalte in einem Zusammenhang anzubieten und dafür interessante Situationen für das Lernen zu nutzen oder zu suchen.

Sie können also verschiedene Wege gehen, um Ihrem Kind das Lernspielprogramm nahe zu bringen:

– Sie wählen diese oder jene Aufgabe aus, berücksichtigen insgesamt alle Bereiche und fördern so Ihr Kind.

- Sie wählen einzelne Aufgaben aus, suchen den dazugehörigen Zusammenhang oder nutzen eine geeignete Situation und fügen ergänzend hinzu, was an weiteren Lernanregungen einbezogen werden kann.
- Sie nutzen beide Möglichkeiten, um sowohl die einzelnen Anregungen in ihrer Breite genügend oft anzubieten, und lassen andererseits Ihr Kind auch die Situationszusammenhänge erfahren.

Wichtige Tipps

- Im Lernspielprogramm finden sich in jedem Kapitel zunächst «grundlegende Anregungen». Diese sollten Sie besonders genau lesen und wiederholt mit Ihrem Kind durchführen.
- Wenn es die verschiedenen Anregungen im ersten Halbjahr leicht bewältigt, können Sie auch schon ein wenig vorgreifen auf die für das zweite Halbjahr vorgesehenen Lernspiele; im zweiten Halbjahr können Sie gegebenenfalls die Anregungen von Band 5 hinzunehmen.
- Vor jeder Anregung ist in wenigen Worten das Ziel angegeben. Es dient der präziseren Information und dem Überblick, es ermöglicht Ihnen auch, die Anregung selbst zu erweitern oder individuell zu verändern, also so umzugestalten, dass das genannte Ziel auch unter anderen Voraussetzungen erreicht wird.
- Die Spiele und Aufgaben sind entsprechend ihrer Wichtigkeit gekennzeichnet:

bedeutet: Bitte nehmen Sie sich unbedingt Zeit für diese Beschäftigung.

bedeutet: Lassen Sie auch diese Übung möglichst nicht ausfallen.

bedeutet: Wenn Sie genügend Zeit haben, sollten Sie Ihrem Kind auch diese Anregung bieten.

Die fünf Sinne brauchen gezielte Anreize

Grundlegende Anregungen

Ziel: Neue Gegenstände entdecken, genau ansehen und sich merken; ihren Zweck und ihre Funktion kennen lernen.

Haben Sie sich schon einmal Gedanken darüber gemacht, welche alltäglichen Dinge und Einrichtungen Ihr Kind in Ihrer unmittelbaren Lebensumwelt kennt und welche nicht, ob es den Zweck dieser Dinge versteht usw.? Beispiele sind:

- im Bereich Straße: Straßenschilder und Verkehrszeichen, Werbeflächen, Markierungen für Wasser auf Straßen (Hydranten), Versorgungsleitungen, Antennen und Satellitenschüsseln, verschiedene Automaten, Straßenlaternen, Telefonzellen, Behältnisse für Streusand usw.;
- im Bereich Bahnhof: Bahnhofsgebäude, Schalter, moderne Züge und ältere Lokomotiven, Personenwagen und Transportwagen, Gepäckkarren, Tafeln für Ankunfts- und Abfahrtszeiten, Gleise und Weichen, Unterführungen und Überführungen usw.;
- im Bereich Einkaufszentrum;
- im Bereich Rathaus;
- im Bereich Feuerwehr;
- im Bereich Sportanlagen usw.

Für uns Erwachsene sind derartige Einrichtungen selbstverständlich, wir bemerken sie kaum noch. Auch das Kind wird sich nur in bestimmten Situationen von selbst dafür interessieren. Sie können seinen Blick jedoch schärfen, indem Sie seine Aufmerksamkeit darauf lenken. Erklären Sie Ihrem Kind, wozu die Anlagen und Objekte benötigt werden, wer sie gebraucht, wie sie funktionieren, wer sie herstellt, pflegt oder repariert usw. Fragen Sie es auch, was ihm in einer ungewohnten Umgebung auffällt, was hier anders ist als an bekannten Plätzen usw. Bei solchen Unterhaltungen

wird natürlich auch sein Denken angeregt, nicht nur seine Wahrnehmung.

Ziel: Sich an früher gesehene Situationen und Dinge erinnern und sie beschreiben.

Sprechen Sie nach kleinen Ausflügen über alles, was Sie gemeinsam gesehen haben. Rufen Sie Ihrem Kind noch einmal die Situationen und Dinge ins Gedächtnis, von denen es besonders beeindruckt war (Menschen in besonderer Kleidung, Gebäude, Fahrzeuge usw.). Wenn Sie das öfter tun, kann Ihr Kind das früher Gesehene immer genauer beschreiben. Es schult sein Gedächtnis für optische Eindrücke, es entwickelt Techniken, Erinnerungen zu aktivieren.

Das trägt wesentlich zur Erweiterung der Vorstellungen, des Denkens und zur Orientierung bei. Je präziser sich Ihr Kind erinnert, desto leichter fällt es ihm, bestimmte Probleme zu lösen: etwas wieder zu finden, einen Überblick über verstreute Spielsachen zu gewinnen, sich zu orientieren usw. Später kann es sich dann leichter Buchstaben und Wortgestalten merken (Voraussetzung für flüssiges Lesen). Auch das Zeichnen solcher Eindrücke dient der Präzisierung der Erinnerung. Dazu brauchen Sie nicht einmal Papier: Formen und Umrisse kann Ihr Kind auch gelegentlich in die Luft malen.

Ab drei Jahren

Ziel: Dem Verlauf einer Linie sicher mit den Augen folgen.

Zeichnen Sie in eine Ecke eines Papierbogens einen Hasen, in die andere eine Rübe. Dann ziehen Sie eine geschwungene Linie, die sich einmal kreuzt, vom Hasen bis zur Rübe. Ihr Kind darf dabei zusehen. Fordern Sie es nun auf, mit dem Finger der Spur nachzufahren. «Stell dir vor, du bist der Hase und läufst auf diesem Weg zur Rübe!» Stellen Sie Ihrem Kind mehrmals solche Aufgaben. Als Themen eignen sich zum Beispiel die Fragen: Wie fährt das Schiff von diesem Hafen zu jenem? Welchen Weg ging Thomas, bis er den Badestrand fand? Wie ging Katharina in der Wiese umher, bis sie den Ball wieder fand?
Verändern Sie die Linienführung so:

- Zeichnen Sie von Mal zu Mal mehr Überschneidungen der Linien (insgesamt bis zu acht).
- Zeichnen Sie nicht nur Bogen, sondern auch Ecken.
- Nehmen Sie zunehmend großes Papier, damit die Wege oder Spuren länger werden können.
- Lassen Sie bis zu drei «Suchende» auf einem Bild antreten und zeichnen Sie dann die Verbindungslinien zunächst mit verschiedenen Farben, später nur mit einer.

Ziel: Eine in freiem Gelände gelegte Spur verfolgen und zu einem Ziel finden.

Bei einem Ausflug bleiben Sie mit Ihrem Kind an einem bestimmten Punkt stehen. Ihr Partner legt mit aufgesammelten Ästen (oder Tannenzapfen, Löwenzahnblüten usw.) eine Spur, hinter einer Hausecke oder Hecke beginnend. Nach zwanzig bis dreißig Metern versteckt er sich. Ihr Kind freut sich riesig, wenn es ihn mit Hilfe der Spur finden kann.
Auch in Ihrer Wohnumgebung können Sie Wegmarken suchen und die Erinnerungsfähigkeit stärken: Gehen Sie mit Ihrem Kind spazieren, machen Sie es auf ausgewählte Punkte (Telefonzelle, auffällige Häuser, deutsche und ausländische Geschäfte, Brunnen, besondere Bäume usw.) aufmerksam und lassen Sie sich zurückführen; zunächst wählen Sie einen einfachen Weg, das nächste Mal einen Umweg mit Überquerungen von Kreuzungen usw.

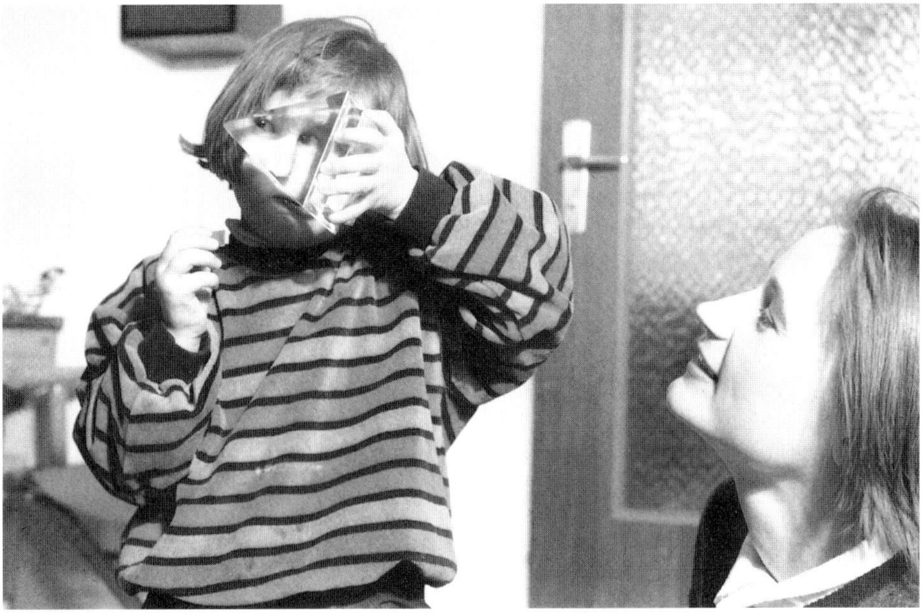

Ziel: Unterschiede erkennen und Gegenstände entsprechend zuordnen. Denken und Wahrnehmen werden hier gefordert.

Einige Beispiele:
- Besteck in ein Schubfach ordnen,
- Teller und Tassen in den Geschirrschrank einordnen,
- Schuhe in Paaren zusammenstellen oder -legen,
- zehn bis 20 Socken nach dem Waschen paarweise zusammenstülpen,
- Knöpfe sortieren usw.

Sicher hat Ihr Kind ähnliche Aufgabenstellungen schon im Alltag erfolgreich gelöst. Sie können es nun aber auch bitten, feinere Unterschiede zu beachten. Suchen Sie dafür selbst geeignete Beispiele.

Ziel: Unterscheiden von wesentlichen und unwesentlichen Eigenschaften eines Gegenstands (Geräts).

Zeigen Sie Ihrem Kind verschiedene Dinge (Paprika, Möhren, Kaffeemaschine, Kochlöffel, Radio- bzw. Fernsehapparat, Telefon, Auto), und beschreiben Sie Gemeinsamkeiten und Unterschiede. Bei Besuchen in einer fremden Wohnung können Sie sich z. B. von Ihrem Kind Gegenstände zeigen lassen, die anders aussehen als in Ihrer Wohnung – fragen Sie immer auch mal genauer nach, welche Unterschiede Ihrem Kind auffallen. Es lernt dabei auch, die für die Funktion eines Gerätes wichtigen Merkmale von den nur zufälligen oder sekundär wichtigen zu unterscheiden. Neben der Wahrnehmungs- und Beobachtungsfähigkeit wird damit auch das Abstrahieren geübt.

Ziel: Erkennen, aus welcher Richtung der Schall kommt.

Lassen Sie Ihr Kind bei verbundenen (oder geschlossenen) Augen erraten, aus welcher Ecke ein Gongschlag oder ein anderes Geräusch ertönt. Suchen Sie die vier Zimmerecken zuerst nacheinander, dann in beliebiger Reihenfolge auf. Lassen Sie den Gong in den nächsten Tagen auch sehr leise erklingen. Dann ist die Übung deutlich schwieriger.

Ziel: Erkennen, welche Geräusche bestimmte Gegenstände verursachen.

Suchen Sie im Haushalt zehn verschiedene Dinge, mit denen Sie ein Geräusch erzeugen können. Zeigen Sie Ihrem Kind, wie man diese Geräusche erzeugt, und lassen Sie es selbst probieren. Anschließend lassen Sie es mit geschlossenen Augen raten, mit welchem Gerät Sie gerade Töne erzeugen. Danach können Sie auch mit verschiedenen Musikinstrumenten Töne oder kurze Melodien spielen: Dabei soll Ihr Kind das bespielte Musikinstrument, aber auch die Richtung zeigen, aus der der Schall kommt.

In den nächsten Tagen beginnen Sie mit dem Spiel, ohne zuvor die Gegenstände gezeigt zu haben. Ihr Kind sollte nun – wiederum mit geschlossenen Augen – die Geräuschquellen erraten. Achten Sie darauf, dass auch so leichte Aufgaben dabei sind, dass Ihr Kind oft genug Erfolgserlebnisse hat!

Ziel: Ausgewählte Materialien an ihrer Oberfläche durch Tasten erkennen.

Sammeln Sie fünf auffällig verschiedene Materialien wie zum Beispiel Sandpapier, Stoff, Wellpappe, Fell, Leder, einen Stein. Mit geschlossenen oder verbundenen Augen soll Ihr Kind durch Tasten erfühlen, worum es sich handelt.

Vergrößern Sie die Anzahl der Gegenstände in den folgenden Tagen, solange das Spiel Ihrem Kind Spaß macht: Nehmen Sie verschiedene Früchte, Papiere und Kartons sowie verschiedene Stoffarten usw. hinzu.

Ziel: Unterschiedliche Personen durch Tasten erkennen.

Wenn mehrere Kinder da sind, lassen Sie sie «Blindekuh» spielen. Dabei werden einem Mitspieler die Augen verbunden. Er muss ein Kind suchen und durch Tasten feststellen, wen er gerade erwischt hat. Danach werden diesem Kind die Augen verbunden.

Ab dreieinhalb Jahren

Ziel: Gezielt suchen, dabei systematisch vorgehen.

Je besser Ihr Kind das Suchen beherrscht, desto weniger Zeit wird es später dafür aufbringen müssen. Verstecken Sie interessante Gegenstände in der Wohnung, im Park oder auf dem Spielplatz. Geben Sie beim Suchen eine kleine Hilfe, indem Sie je nach Entfernung vom gesuchten Gegenstand «warm», «wärmer», «heiß» oder «kalt», «sehr kalt» («eiskalt») zurufen.

Wenn Sie selbst zur Abwechslung suchen, können Sie Ihrem Kind zeigen, wie man systematisch vorgeht – ohne am gleichen Ort mehrmals nachzusehen.

Ziel: Aufmerksam ein größeres Wahrnehmungsfeld optisch absuchen.

Lassen Sie Ihr Kind bei Spaziergängen nach Objekten suchen, die Sie nur erwähnen, ohne in ihre Richtung zu deuten: eine auffällige Tanne, einen Schmetterling, ein Reh usw. Darunter sollten sowohl Dinge sein, die sich sehr deutlich von der Umgebung abheben, als auch schwer erkennbare Objekte. Spannender ist es, wenn auch Ihr Kind Ihnen entsprechende Fragen stellt – es muss dann nämlich zunächst selbst einen etwas schwerer wahrnehmbaren Gegenstand suchen.

Ziel: Einen bestimmten Gegenstand durch Sehen und Fragen auffinden.

Sie kennen sicher das Spiel: «Ich sehe etwas, was du nicht siehst». Suchen Sie sich als Rateobjekt etwas aus, was Ihr Kind gut sehen kann.

Dann soll es auf der Suche danach gezielt Fragen danach stellen (Ist es groß? Ist es eckig? Kann es sich bewegen? ...), die Sie jeweils mit Ja oder Nein beantworten. Wenn Ihr Kind den Gegenstand immer weiter eingekreist und schließlich benannt hat, wechseln Sie die Rollen – so lernt Ihr Kind von Ihnen, noch genauer und vielseitiger zu fragen.

Ziel: Wörter kennen und verwenden, die zur Beschreibung optischer Eindrücke dienen.

Versuchen Sie ab und zu, besonders treffende Eigenschaftswörter zur Beschreibung des anschaulichen Eindrucks von Gegenständen zu finden: die bauchige Kaffeekanne, der gebogene Schnabel usw.
Lassen Sie die erwähnten Formen von Ihrem Kind betrachten und betasten. Machen Sie es so mit vielen Wörtern vertraut, die besonders zur Beschreibung optischer Wahrnehmungen geeignet sind, wie dreieckig, viereckig, rund, oval, gezackt, gebogen, wellig, kurz, lang, gerade, krumm, geschwungen, verziert, groß, klein, dick, dünn, hohl usw.

Ziel: Gerüche erkennen.
Machen Sie Ihr Kind bei entsprechenden Gelegenheiten auf Gerüche aufmerksam, zum Beispiel auf Blumendüfte. Zeigen Sie ihm im Garten oder bei einem Spaziergang zwei verschiedenartige Blumen, lassen Sie es abwechselnd daran riechen und dann mit geschlossenen Augen erraten, an welcher Blume es gerade schnuppert.
Auch andere Düfte soll Ihr Kind kennen lernen, zum Beispiel – bei gebotener Vorsicht – solche, die Gefahren signalisieren: Benzingeruch, Gas, Alkohol, Brandgeruch usw.
Bei Ausflügen führen Sie ihm dann vor, wie es in einer Metzgerei riecht, im Fischgeschäft, im Schusterladen, in einem Zirkus, in der Nähe eines Raubtierkäfigs, im Kuh- oder Pferdestall usw.
Veranstalten Sie derartige «Riechproben» auch in der Nähe Ihrer Wohnung – damit lernt Ihr Kind seine Umgebung wesentlich besser kennen.

Ziel: Düfte vergleichen und zuordnen.

Schneiden Sie zehn gleiche Streifen aus Karton aus und beträufeln Sie je zwei mit einer intensiv riechenden Flüssigkeit (Parfüm, Essig, Mundwasser usw.), oder reiben Sie eine Frucht daran. Ihr Kind soll nun am Geruch erkennen, welche beiden Plättchen jeweils zusammengehören.

Ziel: Die vier wichtigsten Geschmacksrichtungen unterscheiden.

Die Zunge kann im Wesentlichen zwischen vier Geschmacksrichtungen unterscheiden: süß, salzig, sauer, bitter. Suchen Sie sich mehrere Beispiele für jede Art: Zucker, Salz, Zitrone, bittere Mandeln usw. Lassen Sie Ihr Kind daran lecken und sagen Sie die richtige Bezeichnung für die Geschmacksrichtung dazu.

Ziel: Verschiedene Speisen mithilfe des Geschmacks- und Geruchssinns erkennen.

Bereiten Sie mehrere unterschiedliche Flüssigkeiten vor (Milch, Kakao, Pfefferminztee, Apfelsaft, Orangensaft, Bouillon, Sprudel o. Ä.). Ihr Kind soll sie sich gut ansehen und die Bezeichnungen merken. Dann werden seine Augen verbunden. Ihr Kind bekommt jeweils eine Löffelspitze zum Probieren. Geben Sie Ihrem Kind immer mal wieder neue Proben und Zusammenstellungen.

Jetzt lernt Ihr Kind, alles mit Wörtern auszudrücken

Grundlegende Anregungen

Ziel: Eigene Wünsche und Ideen mitteilen, sich mit einem Partner unterhalten und auf dessen Wünsche und Ideen eingehen; differenziert fragen und antworten.

Ein wichtiges Ziel bei der Sprecherziehung ist in diesem sowie in den beiden folgenden Vorschuljahren die weitere Entwicklung der Kommunikation des Kindes mit anderen. Sie wird vor allem durch das Gespräch angeregt und gefördert.

Die Gespräche mit oder zwischen Kindern verlaufen natürlich anders als Erwachsenengespräche. Zwischen Eltern und Kind sollte es einen ständigen Dialog geben: Er trägt zum einen dazu bei, den guten Kontakt weiter auszubauen; Probleme lassen sich leichter erkennen und abbauen. Zum anderen wird das Führen von Gesprächen geübt. Im kontinuierlichen Gespräch zwischen Eltern und Kind werden sich natürlich oft Wiederholungen ergeben. Doch die mehrmalige Behandlung eines bestimmten Inhalts oder die Beschreibung bereits bekannter Dinge ist keineswegs überflüssig. Sie festigt das Wissen und die Sprachgewohnheiten des Kindes und verhilft ihm zu einer flüssigen Sprechweise.
All das erleichtert ihm zugleich die Bewältigung von Situationen – nicht zuletzt deshalb, weil Sprechen über Dinge auch das Nachdenken über sie voraussetzt und fördert.
Gestern sagten Sie vielleicht zum Beispiel: «Ich streiche dir Marmelade auf das Brot, wenn du willst!», und heute fragen Sie: «Willst du lieber Marmelade oder Wurst auf dein Brot?» Ihnen fällt dieser Unterschied im Ausdruck normalerweise nicht auf – Ihr Kind muss jedoch schon genau hinhören und nachdenken.
Die Sprachfähigkeit Ihres Kindes

wird durch solche kleinen Abweichungen jedes Mal erweitert und angeregt. Es lernt neue Wörter, neue Satzmuster, neue Zusammenhänge usw. Wichtig ist natürlich, dass ein Kind nicht nur Anweisungen, Anleitungen oder kontrollierende Fragen («Hast du deine Hände gewaschen?») von den Eltern hört. Ihr Kind wird sich lieber mit Ihnen unterhalten, wenn es erlebt, dass Gespräche zu Ergebnissen und Erfolgen führen.

Das bedeutet, dass der eine Gesprächspartner die Wünsche des anderen kennen lernt, dass das Kind seine Standpunkte und Empfindungen begründen kann und dass es selbst Begründungen erwarten darf. Wichtig ist dafür, dass Sie sich viel über Ereignisse und Dinge austauschen im Sinne von «Unterhaltung», also ein Sprechen, das nicht unmittelbar mit Handlungen und Erwartungen zu tun hat usw.

All das führt bei Ihrem Kind dazu, dass es folgende Ziele erreicht:

- Es spricht gern und drückt sich genau aus.
- Es fragt und antwortet, um zum Beispiel die eigenen Interessen auszudrücken.
- Es hört gern zu (weil der andere etwas Interessantes sagt, weil er «farbig» spricht, weil er begründet, weil er erklärt).
- Es übt zu verstehen und lernt dabei neue Wörter, Sprachmuster und Sinninterpretationen kennen, es stellt Beziehungen her und prägt sie sich ein.
- Es macht sprechend und argumentierend den Erwachsenen auf dessen Fehler aufmerksam, bemerkt kleine Ablenkungsmanöver der Erwachsenen und wird kritisch auch gegenüber seinen eigenen Aussagen.

So erweitert es nicht nur seine Sprachfähigkeit und übt sich im Führen von Kommunikation, sondern verbessert auch sein Denkvermögen, seine Kritikfähigkeit und das Verständnis für Argumente anderer. Es erlebt sich als eigenständige Persönlichkeit und lernt, seine Interessen zu artikulieren, sich selbst zu vertrauen und seine Fähigkeiten richtig einzuschätzen.

Wenn Sie immer wieder in Unterhaltungen auf Ihr Kind eingehen und seine Fragen geduldig beantworten, werden nebenbei fast alle wichtigen Einzelaspekte der Sprache gefördert: die richtige Aussprache, die Erweiterung des Wortschatzes, das Kennenlernen von Satzmustern und Ausdrucksweisen, die Farbigkeit der Sprache usw.

Das Gespräch dient dem Aufbau und der Erhaltung des sozialen

Kontakts zwischen Eltern und Kind und ist auch Zeichen einer guten emotionalen und sozialen Beziehung zwischen ihnen. Gleichzeitig ist aber das gegenseitige Verstehen Voraussetzung und Bedingung für das sprachliche Lernen. Nur auf dieser Basis wird die Einübung eines sensiblen Sprachverhaltens wirklich erfolgreich sein.
Dagegen wäre das Trainieren bestimmter sprachlicher Leistungen ohne sonstige Kommunikation ein Dressurakt, der das Kind zu einem passiven, abhängigen Partner machen würde.

Ziel: Sprachliche Formen erkennen, den Wortschatz erweitern; Sinnzusammenhänge und Handlungsabläufe von schriftlichen Texten erkennen; konzentriert zuhören.

Eine der wichtigsten sprachlichen Anregungen besteht – neben dem Gespräch – im Kennenlernen verschiedener Textarten: Kinderreime, Gedichte, Lieder, Geschichten und Märchen.
Durch all diese Formen wird das Wissen des Kindes erweitert. Sein Wortschatz vergrößert sich, es verbessert seine sprachliche Ausdrucksfähigkeit, lernt neue Wortbe-

deutungen kennen und übt das Hinhören und Aufnehmen von Aussagen.

Kinderreime und Gedichte

Für Kinder gibt es zahlreiche Gedichtsammlungen, die man sorgfältig in einer Buchhandlung für das Kind auswählen sollte.
Viele Reime und Gedichte nehmen Bezug auf vergangene Zeiten oder Fantasiewelten, die Kinder gar nicht oder nur vom Hörensagen kennen. Auch böse Hexen, Zauberer und andere Gruselfiguren können darin vorkommen. Was Ihr Kind ängstigt, sollten Sie weglassen.

Wenn Sie ihm Gedichte vorsprechen oder vorlesen und den Inhalt erklären, erfährt es, dass man mit der Sprache noch etwas anderes tun kann als nur Inhalte vermitteln – etwa im Spiel mit Wörtern, Reimen, Buchstaben und Rhythmen. Viel Anklang findet zum Beispiel das Suchen von Reimpaaren: Tisch-Fisch, Haus-Maus, Flasche-Tasche usw. (Sie nennen ein Wort, Ihr Kind sucht ein passendes Reimwort.)

Wenn Sie Ihrem Kind Gedichte wiederholt vorsprechen, übt es sein Gedächtnis. Machen Sie es sich deswegen zur Regel, Ihrem Kind in jeder Woche mehrere Gedichte vorzulesen. In jedem guten Buchgeschäft können Ihnen geeignete Gedichtbände gezeigt werden. Neben den Gedichtsammlungen eines einzelnen Autors sollten Sie sich unbedingt auch ein bis zwei Sammelbände beschaffen: Dadurch wird die Vielfalt der Gedichte, Verse und Reime wesentlich erhöht, und Sie können leichter eine geeignete Auswahl treffen.

Wenn Sie mit Ihrem Kind ein Gedicht (oder einen Liedertext) zum ersten Mal durchsprechen, können Sie sich an folgenden Leitfaden halten:

- Lesen Sie das Gedicht langsam und deutlich vor.
- Sprechen Sie mit Ihrem Kind über den Inhalt, erklären Sie ihm unbekannte Wörter oder Sachverhalte, wiederholen Sie die wichtigsten Gedankengänge. Vielleicht kann auch Ihr Kind erzählen, woran es bei dem Gedicht denkt oder was ihm selbst dazu einfällt. Machen Sie es auch auf formale Dinge, wie etwa Reime, aufmerksam.
- Lesen Sie das Gedicht noch einmal vor und ermuntern Sie Ihr Kind zum Mitsprechen.
- Wiederholen Sie das Gedicht in den nächsten Tagen mehrmals.
- Sprechen Sie es Ihrem Kind auch in den nächsten Wochen öfter einmal vor (vorausgesetzt, dass es

ihm gefällt). Dann wird es wahrscheinlich bald Satzteile oder auch das ganze Gedicht mitsprechen können. Aber drängen Sie Ihr Kind zu keinem Zeitpunkt, es auswendig «aufsagen» zu können.

Geschichten

Beim Vorlesen längerer Geschichten (das gilt mit Einschränkung auch für das Erzählen) übt das Kind, genau hinzuhören und dem Gang der Geschichte zu folgen. Es stellt dabei Beziehungen zwischen einzelnen Informationen her und versucht, die Handlungsweise der auftretenden Menschen oder Tiere zu verstehen. Es bangt und freut sich mit den «Helden»; jüngere Kinder – Drei- und Vierjährige – identifizieren sich weitgehend mit ihnen. Die Geschichten müssen deshalb sehr sorgfältig ausgewählt werden. Das Kind weiß ja zum Beispiel noch nicht, dass die meisten Geschichten (jedenfalls in Kinderbüchern) einigermaßen gut enden.

Ein wichtiges Kriterium bei der Beurteilung ist der soziokulturelle Hintergrund der Geschichte. Situationen und Umgebungen, die für Kinder heute nicht mehr auffindbar sind (wie etwa die Königreiche der Märchen mit ihren Prinzessinnen, Rittern usw.), haben geringere Bedeutung als noch vor hundert Jahren, sie haben an Informationswert eingebüßt. Sie lösen sogar teilweise Wünsche aus, die nicht zu realisieren sind. Erst wenn das Kind in seiner Umwelt und Erlebnisweise genügend gefestigt ist, kann es sich auch mit wirklichkeitsfernen Situationen auseinander setzen.
Ähnliches gilt auch für die Motivation und Handlungsweise der Personen. Die Geschichten und Darsteller sollten häufig die Realität widerspiegeln. Das schließt ein, dass Sie Ihr Kind mit Geschichten auch auf mögliche Situationen vorbereiten können, die es noch nicht kennt: auf bestimmte soziale Konflikte, auf einen Krankenhausaufenthalt usw.

Zu allen nur möglichen Themen gibt es eine Vielzahl guter Bücher. Wenn Sie selbst unsicher sein sollten, lassen Sie sich in einer guten Kinderbuchabteilung beraten.
Später können Sie dann auch Themen mit einbeziehen, die die gegenwärtige gesellschaftliche und soziokulturelle Situation widerspiegeln: Umweltdiskussion und -erziehung, Friedenserziehung, Veränderung von Familiensituationen (zum Verständnis des Kindes für die unter Umständen veränderte Lebenssituation eines Freundes oder einer Freundin, zum Beispiel durch die

Trennung einer Familie, Krankheit oder Tod), Ausländerproblematik («Jeder ist fast überall Ausländer»), Arbeitslosigkeit, Armut von Familien.
Daneben braucht Ihr Kind aber natürlich auch mehrere Bilderbücher mit und ohne Text. Jeder Buchtyp hat seine ganz speziellen Vorteile. Bei Geschichten ohne Illustrationen muss sich das Kind ganz auf den Text konzentrieren. Es übt also das gute Zuhören und das Entwickeln eigener Vorstellungen.

Bei bebilderten Erzählungen, die sich für dreijährige Kinder besonders eignen, wird auch das visuelle Erleben angesprochen. Bilderbücher mit sehr kurzen Texten sollte Ihr Kind beim «Lesen» selbst in der Hand haben. Wenn das Bild in allen Einzelheiten genügend bestaunt wurde, lesen und sprechen Sie die dazugehörigen Textzeilen.

Versuchen Sie gelegentlich festzustellen, welche Gedankengänge Ihr Kind beim Zuhören vollzieht. Wie beim Fernsehen können Sie mitunter auch beim Geschichtenvorlesen beobachten, dass Ihr Kind zwar beteiligt zuhört und deutlich reagiert (es lacht, es wirkt entspannt usw.), dass es aber die Geschichte im Ganzen nicht erfasst. Dann ist die Geschichte ungeeignet (zu kompliziert, uninteressant oder Ähnliches). Machen Sie es sich deshalb zur Regel, nach dem Vorlesen noch einmal kurz auf den Inhalt einzugehen.
Es gibt Bücher, in denen fortlaufende Geschichten ganz ohne Text, nur durch eine Folge von Bildern erzählt werden. Das Kind kann die Handlung selbst nachvollziehen. Seine Aktivität wird dadurch natürlich noch mehr geweckt und herausgefordert. Es kann kreativ sein, die Handlung ausschmücken, erweitern, interpretieren usw.

Ab drei Jahren

Ziel: Vergangenes in der richtigen Reihenfolge und im Zusammenhang beschreiben.

Fragen Sie Ihr Kind öfter, was es mit seinen Freunden gespielt hat. Bitten Sie es gelegentlich, einem Familienmitglied (Ihrem Partner, den Großeltern usw.) den Ablauf des vergangenen Tages zu schildern, den nur Sie miterlebt haben. Helfen Sie ihm dabei, der Reihe nach zu erzählen. So lernt es, Erinnerungen wachzurufen, geistig zu ordnen und verständlich mitzuteilen. Das bereitet zugleich darauf vor, in die Zukunft zu planen (Denktraining).

Ziel: Mit anderen Menschen sprechen, auf Fragen antworten, Dinge aus dem eigenen Erlebnisbereich mitteilen.

Geben Sie Ihrem Kind Gelegenheit, aus dem Gedächtnis Dinge und Ereignisse zu beschreiben. Bitten Sie es zum Beispiel, Ihren Bekannten oder seinen Spielfreunden etwas von seinem kleinen Hamster, von seiner Puppe usw. zu erzählen. Wenn ihm dabei mit Interesse zugehört wird, sieht es den Sinn einer derartigen Erzählung. Es wird ermutigt, ausführlich und genau zu beschreiben.

Ziel: Längere Sätze sprechen, inhaltsreiche Aussagen merken, Kurzzeitgedächtnis entwickeln.

Kündigen Sie dieses Spiel direkt als Sprachspiel an: «Wir wollen jetzt mal einen ganz langen Satz sprechen. Sag bitte nach: Der Vogel fliegt zum Baum ... Der bunte Vogel fliegt zum Baum ... Der bunte Vogel fliegt mit einem Wurm im Schnabel zum Baum» usw. Fügen Sie jedes Mal nur eine kurze Aussage hinzu. Nach einigen Tagen wird Ihr Kind dann einen anderen Kettensatz selbst erweitern.

Ab dreieinhalb Jahren

Ziel: Auskünfte einholen, Fragen stellen.

Ermutigen Sie Ihr Kind, sich selbst bei anderen Menschen zu erkundigen (einem Polizisten, einem Verkäufer, dem Briefträger). Anfangs müssen Sie es dabei natürlich noch sehr unterstützen. Es hat vielleicht eine gewisse Scheu, Fremde anzusprechen.
Stellen Sie die erste Frage, zum Beispiel im Kaufhaus: «Warum darf man das Schaukelpferd im Supermarkt nicht mehr benutzen?» Antwort: «Es ist kaputt!» Nun fragen Sie Ihr Kind, ob es von der Verkäuferin noch mehr wissen will, zum Beispiel, warum das Pferd kaputtgegangen ist, ob es repariert wird usw. Drängen Sie Ihr Kind jedoch nicht, weitere Fragen zu stellen. Vielleicht zeigt die angesprochene Person wenig Verständnis. Warten Sie dann auf eine andere Gelegenheit.

Ziel: Lustige Wörter erfinden, mit Lauten spielen.

Wenn Ihr Kind eine neue Puppe, einen neuen Teddy usw. bekommt, kann es ihnen Namen geben. Sofern es nicht spontan äußert, wie die Puppe (oder ein bestimmtes Bauwerk, ein von ihm gemaltes Bild usw.) heißen soll, regen Sie es bei der Namensuche an, zum Beispiel: «Jetzt hast du einen kleinen Spatz gemalt. Ich nenne das Bild‹Tirilo›, weil Spatzen immer so lustig zwitschern.»
Ihr Kind wird anfangs Schwierigkeiten bei diesen Spielen haben, weil es an bekannten Namen und Wörtern hängt. Es muss erst entdecken, dass man selbst neue Wörter erfinden kann. Doch nach einigen derartigen Wortschöpfungen wird es zu eigenen Einfällen angeregt. Bei dieser kreativen Form des Umgangs mit der Sprache sollte ein erkennbarer Zusammenhang zwischen dem bekannten Gegenstand und der Wortschöpfung bestehen (etwa im Wortklang).

Ziel: Hörfähigkeit differenzieren, bestimmte Buchstabenkombinationen unterscheiden.

Fragen Sie Ihr Kind nach dem Unterschied zwischen Hand und Land, zwischen Nuss und Fuß, zwischen Tasse und Gasse usw. Es geht dabei um die Unterscheidung einzelner Buchstaben. Hier sind noch einige Beispiele für dieses Sprachspiel: Kranz-Tanz, Rosen-Hosen, Brücke-Krücke, Topf-Zopf, Gras-Glas usw. Weitere Beispiele finden Sie leicht über die Reime aus einem Gedichtband.

Ziel: Geschichten erfinden, die eigene Phantasie einsetzen.

Erzählen Sie gelegentlich den Anfang einer erdachten Geschichte. Wenn die Hauptpersonen eingeführt sind und eine Handlung begonnen hat, setzt Ihr Kind die Geschichte sicher gern fort: «Wie kann es weitergehen?» Dabei hat es nicht nur die Möglichkeit, einen eigenen Gedanken zu entwickeln, der die Geschichte besonders passend weiterführt, es kann auch bestimmte Ängste und Befürchtungen, natürlich auch seine Zuversicht zeigen (und das ist für Ihr Verhalten gegenüber dem Kind wichtig). Wenn es nicht mehr weiter weiß, geben Sie ihm einige leichte Anregungen.

Ziel: Wissen, wie man telefoniert; Wichtiges mitteilen können.

Wenn Ihr Kind bisher noch wenig telefoniert hat, machen Sie es jetzt damit vertraut. Rufen Sie es einmal an, wenn es zu Besuch bei Freunden ist oder wenn es sich mit einem Erwachsenen in Ihrer eigenen Wohnung befindet. Wenn Sie es dann wieder sehen, können Sie noch einmal über das Telefonat sprechen. Erst dadurch wird das Kind wahrscheinlich überzeugt sein, wirklich mit Ihnen gesprochen zu haben. Sie können Ihr Kind leichter mit dem Telefonieren vertraut machen, wenn Sie in der Wohnung ein Kindertelefon installieren, das die Unterhaltung von Raum zu Raum erlaubt. In jedem Fall sollte Ihr Kind im nächsten Jahr lernen, wie es mit einem richtigen Telefon jemanden anrufen kann. Das Telefonieren sollte ihm bald zu einer Selbstverständlichkeit werden – nicht nur im Notfall, sondern auch, um zu Hause anrufen zu können.

Die Wissbegier Ihres Kindes steigert die Denkaktivität

Grundlegende Anregungen

Ziel: Erfahren, dass sehr viele Dinge in einer Beziehung zueinander stehen und dass sie sich beeinflussen. Wissen, wie man sich diese Zusammenhänge nutzbar machen kann.

Dreijährige Kinder stellen häufig «Warum-Fragen». Diese Fragen verlangen mehr als das bloße Beschreiben einer Sache. Hier muss man dem Kind Zusammenhänge zwischen den verschiedenen Dingen deutlich machen.
Ein Beispiel: Das Kind hat erfahren, dass zwischen dem Hinunterfallen eines Gegenstandes vom Tisch und dem Abschieben dieses Gegenstandes über die Tischkante hinaus ein Zusammenhang besteht. Das bedeutet, dass man das Fallen bewusst herbeiführen kann (man schiebt den Gegenstand so lange, bis er über die Tischkante rutscht).
Vor dem Hinunterfallen kann man Dinge schützen, indem man verhindert, dass sie zu nahe an einer Tischkante stehen bzw. versehentlich über die Tischkante geschoben werden. Das Wissen, dass zwischen Handlung und Ereignis ein Zusammenhang besteht, verleiht dem Kind eine gewisse Macht über seine Umwelt.

Das dreijährige Kind lernt allmählich, welche Handlungen welche Wirkungen haben. Es lernt außerdem, dass es umso mächtiger und dadurch auch selbständiger und selbstsicherer wird, je mehr es derartige Zusammenhänge und Beziehungen zwischen den verschiedenen Dingen und Sachverhalten kennt und je mehr es von dieser Kenntnis Gebrauch machen kann, sie einzusetzen weiß.
Der vielleicht wichtigste Grund für seine Fragen ist also der Wunsch, die eigenen Möglichkeiten zu erweitern (manchmal allerdings auch, den Erwachsenen in der Nähe zu

halten oder trickreich zu beschäftigen – beantworten Sie auch in diesem Fall alle Fragen ruhig und klar, denn auch dabei lernt Ihr Kind etwas). Sie können Ihr Kind also in seinem Wunsch, sich die Umwelt aufzuschlüsseln, unterstützen, indem Sie alle seine Fragen beantworten, auch dann, wenn es immer wieder das Gleiche fragt: Das zeigt, dass es mehr darüber wissen will.

Bleiben Sie nicht bei der erstbesten Antwort stehen, die Ihnen einfällt. Erweitern Sie das Wissen Ihres Kindes, indem Sie noch andere Dinge erwähnen, die mit dem Erfragten in Verbindung stehen. Stellen Sie zu den anderen Kenntnissen des Kindes eine Beziehung her, veranlassen Sie Ihr Kind, eine Feststellung zu überprüfen, bringen Sie einen Vergleich mit einem ähnlichen Fall. Überfordern Sie es jedoch nicht dabei. Das Interesse Ihres Kindes regen gerade die Informationen an, die eine nicht allzu große Diskrepanz zu seinem bisherigen Wissen aufweisen.

Ein Beispiel: Ihr Kind fragt, warum ein Apfel vom Baum fällt. Dann sollten Sie mindestens in etwa auf folgende Aspekte hinweisen: Der

Apfel wird am Baum immer schwerer – dann kann der Stiel abreißen wie ein Faden, an dem ein zu schwerer Gegenstand hängt (das könnten Sie ihm dann am nächsten Tag – nicht alles auf einmal – zeigen). Der Wind bewegt den Apfel immer hin und her, dadurch wird der Stiel am Ansatz brüchig. Schließlich wird der Stiel im Herbst trockener, er hat darüber hinaus eine natürliche Sollbruchstelle (Wortschöpfung erklären), damit er fällt (sonst bleibt der Samen in der Luft). Außerdem erwähnen Sie noch, dass auch andere Dinge, die nicht fest genug aufgehängt sind oder nicht von unten gestützt werden, herunterfallen.

Nochmals in Stichworten zusammengefasst:

- Zeigen Sie Beziehungen zwischen Dingen auf, wenn Ihr Kind Sie fragt.
- Bringen Sie mehrere Beispiele, die den gleichen Sachverhalt illustrieren.
- Erläutern Sie den Sachverhalt möglichst durch ein kleines, augenfälliges Experiment.
- Zeigen Sie, wenn möglich, einen allgemeinen Zusammenhang auf.

Ziel: Entwickeln von kreativen Fähigkeiten.

Kreatives Denken – was ist das? Es wird umschrieben mit Worten wie Einfallsreichtum, Originalität, Beweglichkeit (Flexibilität) des Denkens, Flüssigkeit der Gedanken und Einfälle, Erfinden und Entdecken. Kreativität bezieht sich nicht nur auf den künstlerischen Prozess, sondern auf alle gedanklich zu bewältigenden Probleme. Sie ist auch bei alltäglichen, nicht ausschließlich bei «genialen» Denkvorgängen wirksam.

Ungünstige Bedingungen können die Kreativität eines Menschen beeinträchtigen:

- autoritäre, einengende und einschränkende Erziehung;
- Lernen durch Drill, wobei das Kind keine Zusammenhänge kennen lernt, sondern unverbundenes, nicht durchdachtes Einzelwissen speichert;
- der Zwang zu besonders schnellen Antworten und Problemlösungen, also zu großer Leistungsdruck;
- das Angebot allzu vieler Lernanreize, sodass das Kind das neue Wissen nicht selbst produktiv verarbeitet, erprobt und anwendet;

- zu geringe Anerkennung von Leistungen: abschätziges Kritisieren der Eigeninitiativen und Aktivitäten des Kindes, sodass es sich nicht selbst von der Unmöglichkeit eines Vorhabens überzeugen kann, oder Abwertung (Lächerlichmachen) der spielerischen ersten Versuche des Kindes als «babyhaft» oder «kindisch».

Eltern (übrigens auch Erzieherinnen) sollten sich bemühen, für neue Anregungen stets aufgeschlossen zu sein und Abweichungen von der Norm bis zu einem gewissen Grad zuzulassen und dies auch dem Kind zuzubilligen. Dazu gehört, Neuartiges und Überraschendes zu betonen und fördern und sich (als Eltern und Vorbilder) nicht immer an Konventionen zu halten, sondern bewusst mitunter Rollenfixierungen zu durchbrechen und das Kind an diesen Verhaltensweisen teilnehmen zu lassen. Wichtig ist die Erweckung der kindlichen Neugierde und des Interesses auf breiter Ebene. Vermeiden Sie daher eine zu spezielle und einseitige Förderung einzelner Bereiche.
Mit diesen Verhaltensweisen werden ausgefahrene oder schmalspurige Bahnen vermieden, das Denken behält seine Flexibilität.

Ab drei Jahren

Ziel: Räumliche und zeitliche Begriffe verstehen, bei der Beschreibung entsprechender Situationen anwenden.

Gebrauchen Sie möglichst viele Verhältniswörter (Präpositionen) und Umstandswörter (Adverbien), die räumliche und zeitliche Beziehungen beschreiben: auf, unter, über, vor, hinter, nach, während, links von, rechts von, neben, (da)zwischen, hinten, vorne, oben, unten, vorher, nachher, früher, später, anfangs, zuletzt, gestern, heute, morgen usw.
Wenn Ihr Kind nach einem Gegenstand fragt, sagen Sie also nicht: «Schau, da liegt er», während Sie in die Richtung zeigen, sondern Sie sagen: «Dein Becher steht neben dem Brotkorb auf dem Schrank.» Der durch die Beschreibung ausgelöste Denkimpuls ist aktivierender als das Zeigen.

Sie können aus solchen Übungen Suchspiele mit vielen einzelnen Beispielen machen: «Der Schlüssel liegt unter dem Hut. Bitte zeig ihn mir …», oder: «Der Schlüssel wird in das Schlüsselloch gesteckt, das Schlüsselloch ist in der Tür, die Tür befindet sich rechts neben dem Schrank …»

Bei Zeitangaben ist das etwas schwieriger. Fragen Sie hier zum Beispiel: «Wann waren wir beim Einkaufen? Was haben wir vorher gemacht? Was werden wir nach dem Essen tun?» Mit dem sicheren Gebrauch von Raum- und Zeitbestimmungen kann sich Ihr Kind leichter orientieren und Ereignisse und Sachverhalte einordnen.

Ziel: Vorbild und Abbild vergleichen, nach einem Vorbild ein Abbild herstellen.

Setzen Sie sich zu Ihrem Kind, wenn es mit seinen Bausteinen beschäftigt ist, und bauen Sie die Konstruktion, die es gerade errichtet, nach. Das Kind wird dies bemerken. Ein anderes Mal bitten Sie Ihr Kind, Ihr Gebäude nachzubauen – wählen Sie aber einen Schwierigkeitsgrad, den Ihr Kind leicht bewältigt, und benutzen Sie nicht mehr als etwa zehn Steine.
Dann wieder bauen Sie etwas nach, was Ihr Kind gemacht hat – aber mit einem auffälligen Unterschied. Bitten Sie Ihr Kind, den Unterschied zu suchen. Wiederholen Sie dieses Spiel alle ein bis zwei Monate. Ähnliche Möglichkeiten des Vergleichens bieten sich auch beim Zeichnen oder Ausschneiden.

Ziel: Vergleichen und nach Länge, Dicke, Größe unterscheiden.

Suchen Sie an jeweils einem Tag drei Beispiele für jeden dieser Begriffe. Nehmen Sie zum Beispiel einen kurzen, einen langen und einen sehr langen Faden, ein dünnes, ein dickes und ein sehr dickes Buch, einen kleinen, großen und sehr großen Schuh usw.
Verwenden Sie dabei auch die Steigerungen: lang, länger, am längsten; dick, dicker, am dicksten usw. Zeigen Sie an möglichst vielen Beispielen, was Sie mit diesen Aussagen meinen.

Ziel: Bis drei (vier) sicher zählen.

Ihr Kind sollte jetzt bis drei und in der zweiten Jahreshälfte bis vier zählen können. Geben Sie ihm dafür immer wieder Beispiele. Nehmen Sie zwei Bonbons in die rechte und eins in die linke Hand. Öffnen Sie kurz die eine Hand, dann die andere, und nennen Sie jeweils die Summe. Am nächsten Tag wiederholen Sie dieses Spiel, allerdings mit anderen Gegenständen und der Anzahl eins und drei sowie zwei und drei.
Wechseln Sie unbedingt die Gegenstände, sonst denkt Ihr Kind, dass Sie den Dingen neue Namen geben. Sagen Sie immer dazu, wie viele es sind. Machen Sie Ihrem Kind auch vor, wie man beim Zählen die Finger mitbenutzen kann, wie man bei jeweils der nächsten Zahl auch den nächsten Gegenstand zeigt und dass die zuletzt genannte Zahl die Summe nennt. Wiederholen Sie diese Zählweise alle ein bis zwei Wochen.

Ziel: Unterschiede in der Anzahl beachten und danach handeln.

Eine gute Vorübung (später auch eine begleitende Übung) für das Zählen ist das Aufreihen von Perlen oder das Flechten. Hier wechselt das Kind jeweils nach einem Grundmuster Perlen oder Farben nach je ein, zwei, drei oder vier Einzelelementen.
Sie können seine Bemühungen unterstützen, indem Sie ihm bestimmte Vergleichsmöglichkeiten zeigen: «Die beiden Abschnitte müssen gleich breit (lang) sein, wenn du sie nebeneinander hältst … es müssen von jeder Farbe gleich viele Perlen sein … wir zählen bei den roten Perlen eins, zwei, drei, vier, also müssen wir auch bei den blauen so zählen …» Beginnen Sie mit nur zwei verschiedenen Farben oder Größen.

Ab dreieinhalb Jahren

Ziel: Die Funktionsweise ausgewählter Geräte verstehen.

Suchen Sie in Ihrem Haushalt einige (antiquierte) Geräte aus, die noch «mit Handantrieb» funktionieren, zum Beispiel eine alte Kaffeemühle, ein handbetriebenes Rührgerät, einen Fleischwolf. Erklären Sie Ihrem Kind, wie diese Geräte funktionieren und wozu sie dienen (falls Sie diese Dinge nicht mehr besitzen – vielleicht existieren sie noch bei Ihren Eltern).

Nehmen Sie, wenn möglich, die Geräte auch auseinander, damit Ihr Kind die einzelnen Teile sehen und den ganzen Ablauf verstehen kann. Lassen Sie es freizügig damit umgehen, soweit das nicht gefährlich ist.

Ziel: Den Gebrauchswert und die Verwendungsweise der Dinge kennen, die sich in der Wohnung befinden.

Sprechen Sie über Dinge, die Ihnen selbstverständlich sind, die Ihr Kind aber noch nicht genügend kennt. Zum Beispiel: In einem Bücherregal lassen sich die Bücher gut aufbewahren. Man kann jedes Einzelne gut sehen. Lägen sie alle quer durcheinander, könnte man die unteren nur schwer zur Hand nehmen.
Oder: Wozu braucht man Schrank, Tisch, Stuhl, Bett, Messer? Was wäre, wenn wir diese Dinge nicht hätten? Später erweitern Sie diese Vergleiche (Wie wäre es, wenn wir das ... nicht hätten?) auch auf Dinge in der weiteren Umgebung.

Ziel: Die Begriffe «alle», «einige» und «kein» richtig auffassen und verwenden.

Mit diesen drei Begriffen lassen sich Verallgemeinerungen und Einschränkungen ausdrücken, sie fordern das logische Denken des Kindes heraus. Bilden Sie Sätze, in denen diese Begriffe vorkommen: «Schau, jetzt lege ich alle Bohnen in den Topf!» – «Keine Bohne ist übrig geblieben!» Verwenden Sie das Wort «alle» bei jeder passenden Gelegenheit: «Alle Gläser sind zerbrechlich.» – «Alle Bausteine in diesem Kasten gehören dir.»
Genauso verfahren Sie mit dem Wort «einige»: «Einige Bäume stehen im Garten.» – «Einige Bücher stehen im Regal, einige liegen auf dem Tisch.» Schließlich üben Sie

auch systematisch den Gebrauch des Wortes «kein».
Gegen Ende des vierten Lebensjahres können Sie dann alle drei Wörter in einem Zusammenhang gebrauchen, z. B.: «Einige Schuhe stehen vor dem Regal, einige Schuhe stehen im Regal, kein Schuh ist aus Stoff, alle Schuhe sind aus Leder.» An solchen konkreten Beispielen lernt Ihr Kind die Bedeutung dieser Wörter am besten.

Ziel: Die Folgen bestimmter Verhaltensweisen und Handlungen vorher abschätzen und sich danach einrichten.

Sie selbst machen sicher oft genug Pläne für die nächsten Stunden oder Wochen. Lassen Sie Ihr Kind dabei «mitdenken». So wird es lernen, dass man die nähere und ferne Zukunft planen kann, dass man in einem gewissen Rahmen erwünschte Ereignisse herbeiführen und ungünstige vermeiden kann. Dazu bieten sich an: Wochenendplanung, Planung eines Stadtbummels, eines Spaziergangs oder eines Ausflugs. (Was muss mitgenommen werden, wenn es regnet, wenn es heiß wird, wenn man an einem See vorbeikommt?)

Ähnlich wie bei größeren Zeiträumen sollte Ihr Kind auch bei nahe liegenden Ereignissen das Planen üben. Nehmen Sie Ereignisse im Gespräch vorweg. Stellen Sie Fragen wie diese:

- Was geschieht, wenn man Wasser in eine Wanne einlaufen lässt und den Hahn nicht abdreht?
- Was kann passieren, wenn man in der Nähe einer Fensterscheibe Ball spielt?
- Was geschieht, wenn man keinen Kraftstoff im Autotank hat?

Diese Formen des Vorwegdenkens und -planens machen Ihr Kind selbstsicherer. Es lernt, Gefahren abzuschätzen, sich vor ihnen zu schützen, und macht so in einigen Bereichen Ihre Vorsorge überflüssig.

Vielseitiges Grundwissen erleichtert die Orientierung

Grundlegende Anregungen

Ziel: Informationen aus verschiedenen Wissensgebieten aufnehmen, verarbeiten und wiedergeben können.

Früher sahen die Schulen ihr wesentliches Ziel darin, möglichst viel Wissensstoff zu vermitteln. Als die Wissenschaften immer mehr und immer schneller neue Ergebnisse (Stoff) produzierten, musste man sich von der Vorstellung lösen, man könne ein allumfassendes Wissen erwerben. Neue Ziele sind nun:

- das Wichtige vom weniger Wichtigen zu unterscheiden und zu speichern;
- lebenslanges Lernen zur Norm zu erheben;
- die Fähigkeiten (Kompetenzen) des Einzelnen verstärkt einzubeziehen.

Ein allgemeines Grundwissen wird nun eher als ein Mittel angesehen, spezielle Fähigkeiten zu erwerben und das Lernen zu lernen. Dabei geht es darum zu wissen, welche Kenntnisse wichtig sind, woher man fehlende Informationen bekommen kann, wie sie kombiniert und als Hilfe zur Lösung von Aufgaben verwendet werden können.

Wichtige Voraussetzungen für dieses moderne Lernverhalten sind:

- Ohne Nachschlagen über häufig benötigte grundlegende und exemplarische Informationen verfügen zu können («wenig Wissen, das viel erklärt»), d. h. Aneignung einer verlässlichen Allgemeinbildung.
- Erwerb von Denkmethoden und Verarbeitungsweisen (kognitive Fähigkeiten), mit deren Hilfe weitere Informationen mühelos beschafft und richtig eingeordnet werden können.
- Auch nach einer qualifizierten Ausbildung ständige berufliche Fortbildung (und teilweise Wei-

terbildung), lebenslängliches Lernen einschließlich der Motivation dazu.

Wissen soll gesammelt werden, wenn es überschaubar, strukturiert, gesichert, vielseitig verwendbar und grundlegend ist. Das ist auch eine Voraussetzung für kreative Denkprozesse: Das Hervorbringen von Einfällen und Ideen ist der erste wichtige Abschnitt des kreativen Denkens, das ohne verfügbare «Informationsbank» überhaupt nicht in Gang kommen kann.
Es geht also keineswegs darum, «Wissen» und «Wissenserwerb» schlechthin abzulehnen, sondern die richtige Auswahl aus der verfügbaren Wissensmenge zu treffen.

Auch einige Erkenntnisse aus der Lerntheorie müssen hier beachtet werden. So beeinflussen zum Beispiel die früher gespeicherten Informationen die Aufnahme der nachfolgenden: In Experimenten wurde festgestellt, dass erlernte, aber wieder vergessene Gedichte beim späteren Lernversuch wesentlich schneller im Gedächtnis blieben als Gedichte, die neu erlernt werden sollten.
Weiter wurde erkannt, dass ein Umlernen besonders viel Mühe bereitet. Denn dabei müssen die frühe-

ren Informationen «gelöscht» werden, bevor sich die neuen einprägen können. Und das ist besonders schwierig, weil früher Erlerntes allgemein besser haftet als später Gelerntes.
Man kann also späteres Lernen wesentlich erleichtern, wenn man darauf achtet, dass bereits früh wichtige Kenntnisse aufgenommen werden («Angelhaken für späteres Wissen») und möglichst wenig Informationen dabei sind, die später korrigiert werden müssen.

Bitte denken Sie immer an diese Lernprinzipien, wenn Ihr Kind Ihnen Fragen stellt. Speisen Sie es nicht mit oberflächlichen oder falschen Antworten ab. Sie schaden ihm damit. (Beispiel: Wenn jemand gestorben ist, sollten Sie nicht behaupten: «Er ist nur weggegangen und wird wiederkommen!») Beantworten Sie alle Fragen eingehend und sachlich richtig.
Doch warten Sie nicht nur passiv, sondern regen Sie von sich aus wichtige Fragen bei Ihrem Kind an. Eine Hilfe dabei sollen die folgenden Anregungen und Aufgaben sein. Sprechen Sie die aufgeführten Themen an, damit Ihr Kind die Voraussetzungen für weitere Fragen erwirbt. Andernfalls können ihm Wissensbereiche verschlossen bleiben, weil es (zufällig) die «Schlüsselfrage» nicht findet. So warten z. B. viele Eltern auf Fragen nach Geburt und Sexualität vergebens: Das Kind fragt nicht, es erfährt deshalb keine zuverlässigen Grundkenntnisse dazu; später erhält es unkontrollierte Informationen zur Aufklärung.

Ab drei Jahren

Ziel: Wissen über soziale Beziehungen innerhalb der Familie.

Machen Sie in diesem Jahr mehrere Verwandtschaftsbesuche. Es kommt dabei nicht so sehr darauf an, dass Ihr Kind sich die genaue verwandtschaftliche Beziehung merkt. Wichtig ist, dass es die sozialen Verknüpfungen innerhalb der Familie im weiteren Sinn kennen lernt. Besuchen Sie die Großeltern, Ihre Geschwister, Cousinen und Vettern usw.
Natürlich sprechen Sie dabei mit Ihrem Kind auch über die Art der Verwandtschaft. Aber der Besuch ist nicht umsonst gewesen, wenn Ihr Kind das wieder vergisst. Es erfährt nebenbei etwas über Wohnverhältnisse und Lebensgewohnheiten anderer Menschen, über ihre Tätigkeiten, es lernt die Kinder aus der Verwandtschaft kennen usw. Erzählen

Sie ihm viel über die eigene Familie, ggf. warum Sie umgezogen sind, wo Sie vorher lebten usw.

Ziel: Wissen, wie alltägliche Arbeiten im Haushalt erledigt werden.

Diese Anregung hat nicht den Sinn, Ihr Kind zu einem «Hausgehilfen» auszubilden. Es geht vielmehr darum, dass das Kind innerhalb des Haushalts verschiedene Grundtypen von Tätigkeiten und Handlungsabläufen kennen lernen kann, die später in einem anderen Zusammenhang auftauchen und verstanden werden müssen (zum Beispiel Fußboden reinigen – Straßenreinigung; Essen zubereiten – Kochen in einer Kantine).
Sie können seine Teilnahme bereits dadurch erreichen, dass Sie ihm nicht verbieten, Ihnen während der Hausarbeit «im Weg zu stehen». Das heißt zugleich, dass Sie sich etwas mehr Zeit für alles nehmen müssen. Denn Ihr Kind will dann selbstverständlich «mitarbeiten». Helfen Sie ihm dabei. Geben Sie ihm ein Arbeitsgerät richtig in die Hand, zeigen Sie ihm ausführlich den Gebrauch, warten Sie nicht ungeduldig auf die Rückgabe des Geräts. Einige Tätigkeiten, die dafür infrage kommen, sind im Folgenden aufgeführt.

Küche: Vorbereiten der benötigten Esswaren, Geräte usw.; einzelne Vorgänge wie Durchsieben, Rühren usw.; Herstellen eines Mittagessens aus verschiedenen Bestandteilen (verschiedene Zutaten; verschiedene Gänge); Vergleich verschiedener Mittagsmahlzeiten; Hinweise darauf, nach welchen Gesichtspunkten Nahrungsmittel ausgewählt werden; Tischdecken; Tischabräumen; Aufräumen der Küche nach dem Essen.

Aufräumen und Putzen: Aufräumen in den Zimmern; Bettenmachen; Reinigen der Böden und Fenster; Abstauben; Badezimmerreinigung.

Wäsche und Kleider: Waschen mit der Waschmaschine; Bügeln; Ausbürsten und Lüften von Kleidung; Reinigung in speziellen Geschäften; Einordnen der Wäsche und Kleider in den Schrank, Schuhe putzen.

Damit Ihr Kind diese Arbeiten richtig einzuschätzen lernt (und sie zum Beispiel nicht als spezifisch weibliche Tätigkeiten betrachtet), sollten Sie es gelegentlich außerhalb des Haushalts auf ähnliche Arbeiten aufmerksam machen:
Lassen Sie es bei der Arbeit in einer Restaurantküche zuschauen, beim Saubermachen im Hotel oder in Büroräumen, beim Waschen in

einem Waschsalon usw. So sieht es, dass diese Arbeiten als berufliche Tätigkeit gelten und sowohl von Männern als auch von Frauen ausgeführt werden. Erklären Sie in diesem Zusammenhang auch, dass dafür Entgelt bezahlt wird.

Ziel: Verschiedene Fortbewegungsarten kennen, ihre Unterschiede beachten.

Planen Sie in diesem Halbjahr zwei bis drei Ausflüge, bei denen verschiedene Verkehrsmittel benutzt werden: Fahrrad, Auto (Taxi), Bus, Zug, eventuell auch Flugzeug oder Schiff. Sprechen Sie mit Ihrem Kind über die Unterschiede der Fahrzeuge, ihr verschiedenes Tempo, ihre Vor- und Nachteile (z. B. Schnelligkeit, Preis), die Art, wie sie funktionieren. (Wenn keine Flugreise möglich ist, gehen Sie zu einem Flugplatz und beobachten den Betrieb dort.)

Ziel: Verkehrserziehung
Jetzt können Sie die Verkehrserziehung schon etwas systematischer durchführen. Bereiten Sie Ihr Kind darauf vor, sich im Straßenverkehr richtig zu verhalten, sodass es in Notfällen auch allein zurechtkommt (etwa wenn Sie sich im Gewühl verlieren). Auch wenn Sie Ihr Kind vorerst noch nicht allein dem Straßenverkehr aussetzen wollen, kann es in eine solche Situation kommen. Folgende Grundregeln sind wichtig:

- Verhalten Sie sich selbst stets korrekt (als Fußgänger nur bei Grün über die Straße gehen, immer den Gehweg benutzen, als Autofahrer bei Gelb halten, Einhaltung auch aller übrigen Verkehrsregeln und selbstverständliches Erwähnen der beachteten Regeln im Verkehrsverhalten). Ihr Kind lernt überwiegend durch Ihr Vorbild.
- Lassen Sie sich nie zu riskanten Manövern hinreißen (schnell über die Straße laufen usw.).
- Sprechen Sie mit Ihrem Kind über Ihr Verhalten im Verkehr und das anderer Verkehrsteilnehmer.

Machen Sie Ihr Kind durch häufiges Erklären und Üben mit folgenden Situationen vertraut:

- Überqueren einer wenig befahrenen Straße.
- Bei Verkehrsampeln auf «Grün» warten, dann die Straße zügig, aber nicht hastig überqueren.
- Auf bestimmte Zeichen achten, die ein anderer Verkehrsteilnehmer oder ein Verkehrspolizist gibt (Handzeichen, Blinken usw.).

- Verstehen, warum man niemals einem über die Straße laufenden Kind oder einem über die Straße rollenden Ball unachtsam nachrennen darf.
- Zeigen, wie schlecht Kinder von Autofahrern gesehen werden, wenn sie zwischen zwei parkenden Autos auf die Fahrbahn laufen.

Ziel: Ein Tier gut kennen lernen, sein Verhalten und seine Bedürfnisse beachten.

Besorgen Sie Ihrem Kind, sofern Sie bisher noch kein Haustier hatten, nach Möglichkeit ein Tier. Auch in einer Wohnung lassen sich zum Beispiel Schildkröte, Meerschweinchen, Kanarienvogel oder Wellensittich halten. Hamster sollten beim Kauf drei Monate alt sein, da jüngere Tiere einen Erreger der Hirnhautentzündung übertragen können. Größere Tiere wie Hunde, Katzen oder Hasen brauchen Auslauf oder einen größeren Spielraum. Sicher wird Ihr Kind die regelmäßige Pflege und Fütterung noch nicht übernehmen können. Doch es lernt viel bei der Beobachtung und beim Spielen mit dem Tier. Nach und nach ergänzen Sie sein Wissen über seinen Spielgefährten (mithilfe eines Lexikons oder spezieller Literatur).

Ziel: Wissen, wie man eine Pflanze pflegt.

Halten Sie sich eine Pflanze in der Wohnung, die möglichst lange blüht. Lassen Sie Ihr Kind an der Pflege mitwirken. Erklären Sie ihm, warum sie im Licht oder im Schatten steht, warum und wie sie umgetopft werden muss, warum sie Dünger braucht usw. Vielleicht können Sie auch schon einen Ableger gewinnen und seine Weiterentwicklung gemeinsam mit dem Kind verfolgen.

Ziel: Einige Vogelarten kennen lernen.

Kaufen Sie (im Fachhandel) eine Vogelkarte und hängen Sie sie im Kinderzimmer auf. Ihrem Kind wird es Spaß machen, die im Freien beobachteten Vögel auf den Abbildungen zu suchen. Beobachten Sie deshalb mit Ihrem Kind Vögel im Park und richten Sie im Winter vor dem Fenster oder auf dem Balkon eine kleine Futterstelle ein.

Ab dreieinhalb Jahren

Ziel: Drei ausgewählte Berufe kennen lernen; Berufsrolle begreifen; wissen, was Arbeit bedeutet.

In den nächsten Monaten sollte Ihr Kind drei ausgewählte Berufe gut kennen lernen. Wählen Sie zum Beispiel einen Frisör, einen Arzt und einen Maurer.

Informieren Sie Ihr Kind über folgende Punkte:

- Welche verschiedenen Arbeiten führen diese Personen mit welchen Geräten an einem Arbeitstag aus?
- Wie lange und zu welchen Tageszeiten arbeiten sie?
- Wem nützt diese Arbeit, wer bezahlt diese Personen?
- Welche Verantwortung tragen diese Personen im Beruf? Wie anstrengend ist die Arbeit? Welche Ausbildung brauchen sie, wie viel verdienen sie?
- Was macht der Berufstätige in seiner Freizeit, hat er eine Familie?

Damit diese Informationen besonders anschaulich gegeben werden, beobachten Sie die verschiedenen Personen bei ihrer Arbeit, und erzählen Sie Ihrem Kind eine Geschichte, in der Sie diese Informationen unterbringen.

Das Wetter beobachten und lernen, welche Anzeichen auf welche Veränderung hindeuten.

Beobachten Sie eine Zeit lang das Wetter. Dazu gehört, dass Sie Ihr Kind jeweils auf das Wetter aufmerksam machen, etwa so: «Gestern schien die Sonne, und deshalb konnten wir zum Spielplatz gehen. Heute müssen wir zu Hause bleiben, weil es in Strömen regnet ...» Erklären Sie, warum Sie für einen sommerlichen Ausflug auch Schirm und Jacke einstecken. «Vielleicht gibt es heute Nachmittag noch ein Gewitter. Die Wolken sehen ganz danach aus. Auch im Wetterbericht wurde ein Gewitter angekündigt ...»

Die kleine Wetterkunde macht Ihrem Kind sicher besonders viel Spaß, wenn Sie etwa 14 Tage lang täglich eine einfache Wetterkarte (in Postkartengröße) zeichnen. Teilen Sie die Karten in zwei Abschnitte: links wird das Wetter vom Vormittag, rechts das Wetter vom Nachmittag eingetragen. Verwenden Sie dabei ganz einfache Symbole: eine Sonne (für Sonnenschein), Wolken (für bedeckten Himmel), Regentropfen, Schneeflocken, einen gebogenen Baum (für starken Wind) usw. Die Karten hängen Sie nebeneinander im

Kinderzimmer auf. Falls die Freude Ihres Kindes zu früh nachlässt: Ziehen Sie mit Ihrem Kind gemeinsam die Puppen entsprechend an, damit sie nicht frieren oder schwitzen (Anregung zu differenziertem Rollenspiel).

Ziel: Wissen, wie aus einem kleinen Kern (Steckling, Frucht, Samen) ein Pflänzchen wächst.

Für diese Pflanzenversuche eignen sich zum Beispiel Kastanien, Eicheln, Zitronenkerne, Blumenzwiebeln, Bohnen usw. Stecken Sie sicherheitshalber immer zwei bis drei Exemplare in den mit Erde gefüllten Blumentopf, eines davon wird dann bestimmt zu einer ansehnlichen Pflanze heranwachsen. Bei Bohnen können Sie auch ohne Erde auskommen: ein feuchter Wattebausch genügt, mit dem Sie den Samen umwickeln. Dabei kann Ihr Kind die einzelnen Wachstumsstadien besonders gut beobachten.

Ziel: Kennenlernen und Verstehen einiger einfacher mechanischer Konstruktionen.

Mit einem Baukasten mit beweglichen Teilen können Sie Ihrem Kind wichtige technische Grundprinzipien verdeutlichen. Bauen Sie einfache Geräte, die Sie dann zur Demonstration verwenden:

- Vierrädriger Wagen: Wo ist die Ladefläche? Wo sind die Räder? Wie drehen sich die Räder, wozu braucht man eine Achse?
- Dreirädriger Wagen: Kippt er leichter?
- Zweirädrige Karre: Sie rollt nicht mehr allein eine schiefe Ebene hinunter – der Mensch muss das dritte Rad mit seiner Hand ersetzen.
- Schubkarre: Hier ersetzt der Mensch zwei Räder.
- Wippe: Wann geht das Gleichgewicht verloren? Wie kann man mit Gewichten oder Verlängerung eines Hebelarms das Gleichgewicht herstellen?
- Windrad;
- Wasserrad;
- Seilbahn: (mit Tragseil und Zugseil, die von der Tischkante zum Boden gespannt sind).

Vergleichen Sie auch einzelne Teile des Baukastens miteinander (Klötzchen, Platten, Streben, Wellen usw.). Überlegen Sie zum Beispiel mit Ihrem Kind, wie man Verlängerungen herstellen kann, die nicht knicken. Wenn Sie kein Technik-Freak sind: Viele einfache Aufgabenstellungen finden Sie in den Bauanleitungen der Baukästen.

Ziel: Beschaffenheit und Eigenschaften einiger Materialien kennen lernen.

Gummi:

- Spannen Sie ein Gummiband (150 cm lang) in 20 cm Höhe zwischen zwei Stühle, und lassen Sie Ihr Kind darüber springen. Das Band wird ca. alle zwei Wochen zwei Zentimeter höher gespannt.
- Binden Sie einen Tennisball an einen (weichen, dünnen) Gummifaden und lassen Sie ihn auf- und niedertanzen.
- Blasen Sie einen Luftballon auf.

Wasser:

- Lassen Sie Ihr Kind erfahren, was man mit Wasser alles anfangen kann: Eiswürfel herstellen, spritzen, mithilfe eines Gartenschlauchs einen Regenbogen erzeugen.
- Wasser trägt ein Boot oder Papierschiffchen.
- Wasser macht einen harten Schwamm weich usw.

Wachs:

- Weiches Wachs lässt sich kneten wie Plastilin, man kann mit Wachs und einem Docht selbst eine Kerze herstellen.
- Flüssiges Wachs ist heiß (und kann wehtun), die Wachsmenge einer Kerze verringert sich beim Abbrennen.

Draht (Kupferdraht, Blumendraht):

- Aus Draht kann man Tiere und Figuren formen.
- Wenn man Draht längere Zeit an derselben Stelle hin- und herbiegt, bricht er.
- Draht kann man als Träger bei einem Mobile verwenden.
- Draht leitet die Hitze, wenn man ihn zum Beispiel in eine Kerze hält.

Papier:

- Papier kann man gut falten (Segler, Papierflugzeuge, Masken herstellen).
- Es gibt die unterschiedlichsten Arten von Papier: Pappe, Packpapier, Buchpapier, Schreibpapier, Zeichenpapier, Toilettenpapier, Seidenpapier, Wellpappe usw. Mit jeder dieser Papierarten kann man bestimmte Spielsachen besonders gut anfertigen.

Singen und Tanzen fördern das musikalische Empfinden

Grundlegende Anregungen

Ziel: Akustische Phänomene differenziert wahrnehmen, musikalische Werke interessiert hören und mit körperlichen Ausdrucksmitteln oder einfachen Instrumenten nachvollziehen.

Um diese Ziele zu erreichen, ist – und zwar mehr als in anderen Bereichen – eine lange und gezielte Förderung notwendig. Natürlich haben Sie es als Eltern etwas leichter, wenn Sie selbst ein Instrument spielen oder gut singen können. Aber auch Eltern, die sich selbst für unmusikalisch halten, sollten die musikalische Förderung ihres Kindes nicht vernachlässigen. Die meisten der nachfolgenden Anregungen können auch von ihnen durchgeführt werden – sie fördern nicht nur das direkte musikalische Verständnis des Kindes, sondern sprechen auch die kognitiven, emotionalen, feinmotorischen und sozialen Erfahrungs- und Lernbereiche an. Für das emotionale und sensible Verhalten stellt musikalische Förderung sogar ein sehr geeignetes Aktionsfeld dar.

Ab drei Jahren

Kennenlernen und Handhaben verschiedener Schallerzeuger, Kennenlernen einiger Musikinstrumente.

Geben Sie Ihrem Kind die Möglichkeit, mit Geräuschen und Klängen zu experimentieren. Dazu eignen sich verschieden große Blechdosen, leere und gefüllte Gläser (zum Anschlagen), leere und gefüllte Flaschen (zum Blasen), verschieden lang gespannte Gummis (zum Anzupfen), Metalltopfdeckel, die man gegeneinander schlägt, usw. So gewinnt Ihr Kind Einsicht in das Zustandekommen akustischer Phänomene.

Im Musikalienhandel erhalten Sie einfache Kinderinstrumente, wie Glockenspiel, «Clarina» (Tastenblasinstrument), Triangel usw. Nehmen Sie alle Gelegenheiten wahr, bei denen Ihr Kind ein Instrument sehen und hören kann. Beobachten Sie mit ihm Straßenmusikanten, Kapellen und Musikzüge, bleiben Sie gelegentlich vor den Schaufenstern eines Musikgeschäfts stehen, erklären Sie ihm einige Instrumente.

Ziel: Die menschliche Stimme als Ausdrucksmittel kennen lernen und benutzen.

Singen Sie täglich mit Ihrem Kind ein bis zwei Lieder (und zwar mit mehreren Strophen!). Wenn Ihr Kind das Lied gut kennt, nehmen Sie ein neues Lied ins Repertoire auf. So lernt Ihr Kind schon im Vorschulalter viele Lieder kennen. Damit wird seine musikalische Entwicklung wesentlich angeregt. Es übt sich im Treffen der richtigen Töne und entwickelt allmählich einen Sinn für musikalische Verläufe.

Ab dreieinhalb Jahren

Ziel: Hören und Aufnehmen verschiedener Kompositionen.

Sie sollten Ihr Kind viele Arten von Musik hören lassen, klassische Musik ebenso wie Unterhaltungsmusik, Beat, Jazz usw. Auch charakteristische Musikstücke aus fremden Län-

dern sollten Sie bewusst als andersartiges Kulturgut berücksichtigen. Nennen Sie Ihrem Kind dabei auch den Namen des Komponisten und der Interpreten sowie das Land, aus dem diese Musik kommt. Machen Sie das möglichst als selbstverständliche Mitteilung und vertrauen Sie hier ruhig auf die Wirkung der häufigen Wiederholung.
Es gibt viele Musikstücke, die für Kinder geschrieben und besonders geeignet sind, so etwa Bartóks Klavierstücke «Für Kinder», Prokofjews «Peter und der Wolf», der «Karneval der Tiere» von Saint-Saëns, die «Kindersymphonie» und die «Musikalische Schlittenfahrt» von Leopold Mozart. Nur durch das wiederholte Hören derselben Aufnahme (CD oder Kassette) wird das Kind mit der jeweiligen Komposition mehr und mehr vertraut. Ausschnittweises Wiederholen, Mitsingen und -klatschen oder -summen verstärken dieses Einprägen.

Ziel: Musik in Körperbewegungen umsetzen und selbst mit Klängen und Geräuschen ergänzen.

Zeigen Sie Ihrem Kind, dass es zur Musik nicht nur im Rhythmus tanzen, sondern auch andere Ausdrucksbewegungen machen kann. Geben Sie Ihrem Kind verschiedene Geräte als «Instrumente», mit denen es Musik aus dem Lautsprecher ergänzen kann, zum Beispiel Blechdosen, Waschpulvertrommeln, Topfdeckel, ein Trillerpfeifchen. «Musizieren» Sie in der ersten Zeit selbst mit. Das macht Ihrem Kind Spaß, es verfolgt Ihre «Einsätze» usw.
Anfangs werden wahrscheinlich Rhythmus und Takt bei der Begleitung im Vordergrund stehen. Später berücksichtigt es dann sicher auch die Lautstärke, die Dynamik und die spezielle Klangfarbe.

Kreatives Gestalten macht Ihr Kind schöpferisch

Grundlegende Anregungen

Ziel: Kreativ gestalten im Umgang mit wenig strukturiertem Material, eigene Ausdrucksmöglichkeiten erfahren und einüben.

Auf kaum einem anderen Lern- und Spielfeld lässt sich das kreative Verhalten so gut anregen wie beim Gestalten – beim Malen, Werken, Basteln, Bauen usw. Hier kann das Kind die Ergebnisse seiner Tätigkeit sehen, notfalls korrigieren und seine eigenen Fähigkeiten entwickeln. Folgende Faktoren spielen dabei eine wichtige Rolle:

- Das Kind stellt sich die auf das jeweilige Material bezogene Aufgabe selbst. Mit dem Material geben Sie nur einen allgemeinen Rahmen für das Gestalten, innerhalb dessen das Kind viele Möglichkeiten kreativer Betätigung entdeckt.
- Während des Entstehungsprozesses kann das Kind seine eigenen Vorstellungen weiterentwickeln und sein Werk entsprechend ändern.
- Das Gestalten unterliegt keinem Leistungsdruck, also keinen Leistungsmaßstäben. Das Kind hat vielmehr gerade hier die Freiheit, seine Werke nach seinen eigenen Maßstäben einzuschätzen. Der Erwachsene sollte ihm diese Möglichkeit erhalten. Es geht mehr darum, die Aktivität des Kindes anzuregen, die notwendigen Bedingungen dafür zu schaffen und das Zutrauen in die eigenen Fähigkeiten zu stärken, als etwa «Fehler» zu verbessern (wenn zum Beispiel die Arme aus dem Kopf des gezeichneten Porträts herauswachsen). Ablehnende Kritik sollte jedenfalls ganz vermieden werden.

Für die Persönlichkeitsentwicklung sind darüber hinaus folgende Aspekte des Gestaltens wichtig:

- Das Kind ist beim kreativen Gestalten in hohem Maße aktiv: geistig, körperlich (Feinmotorik) und vor allem auch gefühlsmäßig. Während des Gestaltens kann es sich selbst und seine Möglichkeiten ausprobieren und erweitern.
- Es entwickelt eigene Gesichtspunkte für die Planung und Beurteilung seiner «Werke», ohne dass andere dabei mitbestimmen.
- Bei der Gestaltung setzt sich das Kind zugleich mit seiner Umwelt auseinander. Es wird sie deshalb immer genau beobachten.
- Das Kind sieht, wie sich seine früheren Werke von späteren Arbeiten unterscheiden, und kann daran ablesen, wie sehr es sich also auch selbst verändert. (Voraussetzung: Die Werke werden aufbewahrt und mit Datum versehen!)

Ab drei Jahren

Ziel: Malen und Zeichnen verschiedener Motive in verschiedenen Techniken.

Im vergangenen Jahr konnten Sie wahrscheinlich nicht immer sofort erkennen, was Ihr Kind auf einem Bild darstellen wollte. Sie brauchten eine Erklärung dazu. In diesem Jahr nimmt seine Fähigkeit, Vorstellungen auch für andere erkennbar umzusetzen, wesentlich zu. Der Mensch ist das Hauptthema, das immer wieder behandelt wird; dabei meint sich das Kind in der Abbildung meist selbst. Aber auch Tiere, Autos und andere für das Kind wichtige Dinge werden gegen Ende dieses Lebensjahres vermehrt dargestellt – der Einfluss des Erwachsenen spielt dabei eine sehr positive Rolle. Geben Sie Ihrem Kind nur selten ein spezifisches Thema.

Setzen Sie sich eher mal selbst nach einem Ausflug oder Erlebnis hin und zeichnen Sie mit Wachsmalstiften oder Farbkreiden eine Szene. Es geht nicht um ein besonders eindrucksvolles Ergebnis. Wichtig ist vielmehr die Anregung, die davon für Ihr Kind ausgeht. Es wird dann vermutlich selbst zu Wachsmalstiften oder Farbkreiden greifen wollen.

Eine Geschichte mit vielen Details, genaue Realitätsschilderungen, ein Besuch in der Stadt, im Zoo usw. regen zum Zeichnen oder Malen an. Fragen Sie Ihr Kind, was es dargestellt hat. Wahrscheinlich wird es fast täglich zeichnen oder malen wollen.

Lassen Sie Ihr Kind oft zwischen zwei oder drei Techniken (Zeichen-

materialien, Papierarten) wählen. Wenn es länger als einen Monat bei einer bestimmten Technik bleiben will, malen oder zeichnen Sie selbst einmal in einer anderen. Ihr Vorbild veranlasst es dann vielleicht, es wieder einmal auf andere Weise zu versuchen. Die folgenden Techniken eignen sich für diese Altersstufe besonders.

Malen mit ungiftigen, wasserlöslichen Farben: Geben Sie Ihrem Kind die Farben Gelb, Rot, Blau und Grün in kleinen Gefäßen. Der Pinsel mit flacher oder runder Spitze darf nicht zu dünn sein (etwa 0,7–1,0 cm), damit er beim Malen eine breite und nicht zu kurze Spur hinterlässt.
Wenn Sie für jede Farbe einen eigenen Pinsel (entsprechend der Anzahl der Farben) zur Verfügung stellen können, ist das besonders gut: dann bleiben die Farben längere Zeit rein. Ihr Kind freut sich darüber und erlebt die Kombination der Farbflächen als seinen Erfolg. Nach etwa einem halben Jahr können Sie Ihr Kind bereits ausprobieren lassen, wie Farben gemischt werden; Sie können aber auch zwei bis drei weitere Farben dazugeben (zum Beispiel Braun, Orange und Schwarz).

Malen mit ungiftigen, wasserlöslichen Fingerfarben: Die im Handel erhältlichen Farbdosen sind für den Gebrauch oft zu groß (Farbauswahl wie oben). Ihr Kind vermischt die Farben ungewollt sehr rasch. Geben Sie deshalb die für Ihre Malstunde benötigte Menge in kleinere Behälter, dann brauchen Sie nicht so oft neue Farben zu kaufen. Die Wirkung von Bildern dieser Technik ist bei großen Formaten eher gegeben. Lassen Sie daher Ihr Kind auf extra großen Bögen, Tapete oder Rollenpapier malen.

Zeichnen mit Wachsmalstiften, Farbkreiden oder Fettstiften: Das Zeichnen mit diesen Materialien geht schnell – Ihr Kind kommt rasch zu einem Ergebnis. Besonders für das Zeichnen schwieriger Konturen (Menschen, Tiere) sind die Stifte gut geeignet. Anfangs genügen vier bis sechs Farben.

Filzstifte und Fasermalstifte: Sie sind für dreijährige Kinder nur als Ergänzung und Abwechslung zu empfehlen, und auch nur dann, wenn sie eine breite Spur hinterlassen und nicht giftig sind. Farbstifte und Bleistifte eignen sich für Kinder von drei bis vier Jahren weniger gut.

Mal- und Zeichenpapier: Egal, welches Papier Sie verwenden – geben Sie Ihrem Kind vor allem viel davon! Es sollte mindestens das Format DIN A4 haben, besser DIN A3. Lassen Sie es ruhig mehrere Zeichnungen hintereinander machen (ohne von «Papierverschwendung» zu reden!). Auf der Rückseite notieren Sie das Datum.

Ziel: Verschiedene Farbwirkungen erfahren, Farben aufeinander abstimmen.

Lassen Sie Ihr Kind auch manchmal auf farbiges Papier zeichnen und malen. Damit Sie diese (teuren) Bogen nicht im Geschäft kaufen müssen, heben Sie sich am besten bei Gelegenheit Werbeplakate, Geschenkpapier usw. auf. Ihr Kind wird begeistert sowohl auf der Rückseite als auch auf der Vorderseite malen. Es entdeckt so neue Farbwirkungen. (Welche Farben heben sich auf einem roten Grund gut ab, welche «verschwinden»?)

Ziel: Farbunterscheidungen erkennen und richtig bezeichnen.

Die Anzahl unterscheidbarer Farbtöne ist nahezu unerschöpflich. Die wichtigsten Farben (Gelb, Orange, Rot, Violett, Blau, Grün, Braun, Schwarz, Grau und Weiß) kann Ihr Kind sicher schon benennen. Vielleicht kennt es auch einige vergleichende Farbbezeichnungen wie Ziegelrot, Blattgrün usw. Zu solchen Vergleichen sollten Sie es häufig anregen.

Leiten Sie es an, auch neue Wörter zu erfinden: Emmentalergelb, Radieschenrot usw. So zeigen Sie ihm ein «Rezept», sich genau auszudrücken, die Möglichkeiten der Sprache kreativ zu nutzen, und regen es zu einer differenzierten Wahrnehmung und Verwendung der Farben an.

Ziel: Bilder genau ansehen und beschreiben.

Schauen Sie sich ab und zu gemeinsam einen Kunstkalender oder einzelne Kunstpostkarten genau an. Weisen Sie nach der ersten groben Beschreibung auf weniger Auffälliges hin, das Ihr Kind vielleicht noch übersehen hat. Regen Sie es an, selbst Einzelheiten zu entdecken. (Dazu eignen sich zunächst besser gegenständliche Bilder.)

Lassen Sie Ihr Kind allmählich unterschiedliche Farbtöne in den Bildern aufspüren, lenken Sie sein Interesse auf unterschiedliche Motive, unterschiedliche Darstellungen des gleichen Motivs usw.

Ab dreieinhalb Jahren

Ziel: Drei Grundfarben mischen, verschiedene Farbtöne herstellen und vergleichen.

Mit den flüssigen Farben kann Ihr Kind gut lernen, wie man aus zwei Grundfarben eine neue Farbe mischt: Aus Rot und Blau wird Violett, aus Blau und Gelb wird Grün, aus Gelb und Rot wird Orange. Zeigen Sie ihm das deutlich auf einem weißen Papier als Versuch («Was kommt dabei heraus?»). Und regen Sie es an, dieses neue Wissen anzuwenden.

Ziel: Natürliches Material für einfache Bastelarbeiten verwenden.

Während des gesamten Jahres finden Sie im Freien Naturmaterialien, aus denen Ihr Kind etwas gestalten kann: Blätter, kleine Äste, Blüten, Gräser, Steinchen, Kastanien usw. Achten Sie schon beim Sammeln auf eine große Vielfalt. Zu Hause wird die Beute jeden Ausflugs auf einer großen Unterlage ausgebreitet. Dann besprechen Sie mit Ihrem Kind, was sich daraus machen lässt. Beginnen Sie mit einfachen Werken. Die einzelnen Teile werden anfangs nur lose in die Endform gebracht. Mit dem Kleben und Zusammenstecken beginnen Sie (bzw. Ihr Kind) erst, wenn das gewünschte Endergebnis einigermaßen feststeht: lustige Figuren, Menschen, Tiere (Hähne mit Schwanzfedern aus Grashalmen, Häuser, Möbel, Fahrzeuge usw.). Wenn Ihr Kind allerdings gleich anfangen will, ohne lange zu planen, sollten Sie auch das zulassen.

Ziel: Figuren abwechslungsreich bemalen.

Schneiden Sie aus dickerem Papier oder dünnem Karton (etwa Postkartenstärke) Figuren mit Armen, Kopf, Rumpf usw. Ihr Kind bemalt sie dann möglichst bunt und unterschiedlich. Die Figurenreihe wird im Kinderzimmer ausgestellt, z. B. an der Pinnwand befestigt.

Ziel: Figuren aus einem Stück (dünnem) Karton reißen.

Geben Sie Ihrem Kind einige Beispiele, wie man Figuren aus einem Karton reißen kann. Dann lassen Sie es dieses Spiel selbst versuchen. Da es ziemlich schwierig ist, sollten Sie mit einfachen Aufgaben beginnen: Pakete, Säcke, Äpfel, Briefe reißen. Die Gegenstände sollten anschließend in einem Spiel verwendet werden.
Diese Gestaltungstechnik ist wich-

tig, weil Ihr Kind dabei lernt, in Flächen zu sehen und zu arbeiten. Bei Zeichnungen – insbesondere mit Stiften – geht es ja überwiegend nur von Linien aus.

Ziel: Die natürliche Form von Steinen beachten und in das Gestalten einbeziehen.

Nehmen Sie den Malkasten mit, wenn Sie mit Ihrem Kind zu einem Steinhaufen (Flussbett) kommen. Suchen Sie gemeinsam Steine mit ungewöhnlichen Formen, die an bekannte Dinge wie Fische, Enten, Igel, Menschengesichter usw. erinnern, und bemalen Sie sie gemeinsam.

Bewegungsspiele für jeden Tag

Grundlegende Anregungen

Ziel: Die Beweglichkeit und Gelenkigkeit des Kindes erhalten und steigern.

Die Muskeln und Bänder des Körpers müssen immer wieder angespannt und entspannt, gedehnt und gestreckt werden, um ihre volle Beweglichkeit zu behalten. Wenn ein Kind täglich längere Zeit in einer einseitigen Haltung verharrt (zum Beispiel beim Fernsehen), entstehen Haltungsschäden. Bestimmte Muskelpartien – die Beugemuskeln – werden dauerhaft beansprucht, die entgegenwirkenden Muskeln erschlaffen. Auch enge Wohnungen, schlechte Sitzmöbel usw. können zu einseitigen Beanspruchungen führen. Das sollte durch regelmäßige und ausreichende Körperbewegung und ggf. Körpertraining ausgeglichen werden. Stellen Sie sich aus den folgenden Anregungen für jeden Tag eine Auswahl von Übungen und Spielen zusammen, die Sie mit Ihrem Kind durchführen.

Nehmen Sie die Bewegungserziehung wirklich ernst. Wenn Sie zu wenig Zeit dafür aufwenden, wird Ihr Kind nicht nur physisch geschädigt. Es kann mit seinen Spielkameraden nicht mithalten und verliert damit auch an Selbstsicherheit.

Sie finden im Folgenden fünf Gruppen von Anregungen. Aus jeder Gruppe sollten Sie täglich je zwei oder drei andere Übungen für Ihr Kind heraussuchen.

Im Zimmer bei weit geöffnetem Fenster: Auf einen Stuhl steigen und hinunterhüpfen; Treppen hinauf- und hinuntergehen; unter dem Stuhl durchkriechen, ohne ihn zu berühren; die flinken Bewegungen eines Tieres nachahmen; über den Stuhl auf den Tisch und zurück steigen.

Auf einer Wiese: Purzelbaum schlagen; Fangen spielen; liegend über den Rasen rollen; über kleine Hindernisse springen; Figuren laufen (einen großen Kreis, ein «Ei», eine Acht usw.); auf allen Vieren laufen, kriechen, krabbeln; auf die Hände aufstützen und mit den Beinen in die Luft springen.

Auf dem Kinderspielplatz: Turnen an allen Geräten; rutschen im Sitzen, auf dem Bauch, mit verschränkten Armen (schwierige Rutscharten sollte Ihr Kind erst an einer niedrigen Rutsche ausprobieren); klettern am Kletterturm und an der Rutsche; balancieren (für geeignete Schuhe sorgen); Gleichgewichtsübungen an der Wippe.

Im Park oder Wald: Auf einen Baum klettern; bestimmte Ziele anlaufen (zum Baum, zum Strauch und wieder zurück); Verstecken spielen; einen langen Ast über dem Kopf tragen, ihn balancieren.

Im Schwimmbad: Planschen und spritzen; durch niedriges Wasser rennen; vom Rand ins Becken hüpfen (mit Schwimmflügeln); Wasser treten.

Ziel: Die Schnelligkeit von Bewegungsabläufen im Laufe des Jahres steigern.

Die folgenden Anregungen müssen immer wieder variiert werden, damit das Kind nicht überlastet wird und Spaß daran behält. Überanstrengung erkennen Sie daran, dass das Kind schnell atmet (Mundatmung), stark schwitzt, im Gesicht rot wird und sich nicht mehr konzentrieren kann. Schwierige Aufgaben (z. B. schnelles Laufen usw.) dürfen also nicht zu rasch aufeinander folgen (eine solche Aufgabe nur einmal in einer Trainingsphase von 15–20 Minuten stellen).
Abwechslung ist wichtig, damit Ihr Kind die Lust zum Mitspielen behält. Sie finden deshalb im Folgenden ein großes Angebot. Auch einfache Übungen sollten nicht häufiger als drei- bis fünfmal wiederholt werden. Wählen Sie aus den folgenden Beispielen täglich einige aus.

In der Wohnung: Schnelles Laufen im Stand (dabei die Knie hochziehen); «Propeller» spielen mit den Armen (rechter Arm, linker Arm, dann beide Arme gleichzeitig – in verschiedenen Richtungen); auf dem Rücken liegen und dabei «Rad fahren»; hochhüpfen und dabei zweimal in die Hände klatschen; mit über den Kopf gestreckten Armen auf den Rücken legen, auf den Bauch und wieder zurück drehen; vom Liegen zum Stand (und zurück) wechseln, ebenso vom Liegen zum Schneidersitz; einen Tennisball über den Boden rollen lassen und auffangen; schnell mit zwei Schlegeln trommeln.

Im Freien: Wettlauf zwischen mehreren Kindern; Wettkriechen, -krabbeln, -rollen; große und kleine Bälle fangen; Ringe fangen; einen Ball schnell nacheinander auf den Boden aufspringen lassen; einen Kreisel tanzen lassen; einen Reifen treiben; Steine weit werfen (in einer Kiesgrube, an einem See); mit mehreren Kindern in abgegrenztem Feld durcheinander laufen, ohne anzustoßen; einem anderen Kind nachlaufen und seine Bewegungen nachahmen (mit erhobenen Händen, auf einem Bein usw.).

Ziel: Alle Muskeln kräftigen. Hier sind einige Anregungen, die besonders zur Entwicklung der Körperkraft dienen. Solange Ihr Kind noch keine Sicherheit bei den Übungen entwickelt hat, sollten Sie zur Hilfestellung dabei sein:

In der Wohnung: Auf die Zehenspitzen stellen und sich «ganz groß» machen, dann in die Hocke gehen; auf zwei Armen und einem Bein laufen; auf zwei Beinen und einem Arm laufen; sich gegenseitig schieben und ziehen; mehrmals in gebückter Haltung um den Tisch gehen; einen schweren Gegenstand kurz anheben (einen Stuhl, ein Tischchen).

Im Freien: An Geräten hochklettern und sich hochziehen; ein Kind im Leiterwagen (oder mit dem Schlitten) ziehen; weit springen; über ein gespanntes Gummiband hochspringen; von Mauern springen; mit Anlauf in einen flachgelegten Reifen springen; Bälle und große Steine werfen; eine Brücke machen; Fußball spielen; einen mit Wasser gefüllten Ball über den Kopf stemmen.

Im Schwimmbad: Schnell durch brusthohes Wasser waten; mit Schwimmflügeln schwimmen, dabei Arme und Beine zugleich bewegen (gegen Ende des Jahres im richtigen Rhythmus schwimmen); einen Ball unter Wasser drücken; mit Armen und Beinen Wellen schlagen; sich rückwärts mit den Füßen vom Beckenrand abstoßen; ein anderes Kind durchs Wasser ziehen.

Ziel: Die Koordination verschiedener Bewegungen erhöhen, die Genauigkeit von Bewegungsabläufen verfeinern.

Viele der oben angeführten Übungen werden vom Kind aus reiner Bewegungslust ausgeführt. Der Wechsel von Spannung und Entspannung wird dabei lustvoll erlebt. Bei den folgenden Spielen sieht das Kind außerdem, ob es mit seiner Bewegung und Anstrengung den gewünschten Erfolg erzielt. Lassen Sie es auch von diesen Übungen täglich einige machen.

In der Wohnung: Einen Ball auf ein Ziel zurollen lassen; einen Ball auf einen anderen fallen lassen, der dann wegspringt; einen Ball auf den Boden aufspringen lassen und dann fangen; die gleichen Übungen mit der linken (bzw. der ungeübten) Hand probieren; einen dünnen Bauklotz auf der flachen Hand aufstellen und durch die Wohnung tragen; einen flachen Bauklotz auf dem Kopf durchs Zimmer balancieren; einen kleinen Ball mit der linken oder rechten Hand hochwerfen und mit beiden Händen auffangen; längere Zeit auf einem Bein stehen; die Augen schließen und mit dem Zeigefinger auf die Nase tippen (auf den Mund, die Stirn, die Ohrläppchen); einen Ball möglichst hoch werfen; einen Ball bis zu einem markierten Punkt stoßen.

Im Freien: Auf einem asphaltierten Weg Kreise und Kreuze malen, die mit einem Schritt oder Sprung erreicht werden müssen, denselben Weg rückwärts hüpfen; über eine gespannte Schnur steigen, ohne dass sie berührt wird; auf einer geraden Linie gehen und hüpfen; mit einem Kinderfahrzeug (Roller, Dreirad usw.) eine Linie entlangfahren; einen Ball hochwerfen und wieder fangen; einen zugeworfenen Ball aus größerer Entfernung fangen; mehrere Kegel treffen; gehen (ggf. später laufen) und gleichzeitig zu jedem zweiten Schritt klatschen.

Ab drei Jahren

Ziel: Das Gleichgewichthalten verbessern.

Sie setzen sich im Schneidersitz Ihrem Kind gegenüber und fassen sich leicht bei den Händen. Lang-

sam erheben Sie sich gemeinsam und ziehen sich dabei möglichst wenig an den Händen; dann setzen Sie sich langsam wieder.

Ziel: Die Bewegungen des Partners genau beobachten und nachahmen.

Setzen Sie sich Ihrem Kind gegenüber und erklären Sie ihm, dass Sie alle seine Bewegungen nachvollziehen wollen. Anschließend übernehmen Sie die Führung, bewegen Ihre Arme, Ihren Oberkörper usw. und bitten Ihr Kind, die Bewegungen nachzumachen. Führen Sie diese Übung einmal in der Woche ein paar Minuten lang durch.

Ziel: Gemeinsam zu verschiedenen Rhythmen tanzen.

Legen Sie eine Musikkassette oder -CD ein und tanzen Sie dazu mit Ihrem Kind. Beginnen Sie mit einfachen Grundschritten. Schwierige Drehungen kommen erst dran, wenn sich Ihr Kind schon sicher nach dem Rhythmus der Musik bewegt. Tanzen Sie mit ihm im Dreiviertel- und Viervierteltakt, auf langsame und schnelle Stücke und in frei erfundenen Figuren.

Ziel: Vorbereitung auf das Schwimmen.

Manche Kinder lernen schon im ersten Lebensjahr das Schwimmen. Die folgenden Lernschritte dienen der Vorbereitung:

- Kaufen Sie gemeinsam eine Badehose und lassen Sie Ihr Kind auswählen, welche Farbe und welches Muster ihm gefällt.
- Das Kind sollte das Schwimmengehen als ein angenehmes Erlebnis erfahren. Besuchen Sie also das Schwimmbad mit ihm, wenn Sie selbst wohlgelaunt sind, genügend Zeit haben und Ihr Kind gesund und aktiv ist. Das Schwimmbad muss ein Kinderbecken haben, in dem es sich ans Wasser gewöhnen kann. Ideal für Ihr Kind ist, wenn ein Teil dieses Beckens lediglich etwa 20–30 cm tief ist.
- Duschen Sie zunächst gemeinsam bei möglichst körperwarmem Wasser – Ihr Kind soll sich dabei wohl fühlen.

Zu diesen Annäherungsschritten gehört:

- Sich dem Becken nähern,
- mit der Hand ins Wasser fassen,
- mit dem Fuß ins Wasser treten,

- am Beckenrand sitzen und mit den Füßen im Wasser planschen,
- ins Becken steigen und mit der Hand Wasser spritzen (nicht selbst bespritzt werden!),
- im Wasser umhergehen (vom Erwachsenen dabei geführt werden),
- ein wenig hochhüpfen und wieder Gleichgewicht bekommen,
- im Stehen Schwimmbewegungen mit den Händen machen,
- verschiedene Spiele mit einem Wasserball und einem kleinen Luftkissen machen,
- sich selbständig mit Schwimmflügeln im wenig tiefen Wasser bewegen,
- durch den Mund atmen,
- das Gesicht nass machen,
- Wasser selbst hochspritzen und sich nassregnen lassen.

Die folgenden Wassergewöhnungsübungen sollten nicht an einem Tag durchgeführt, sondern auf mehrere Male verteilt werden.

Ab dreieinhalb Jahren

Ziel: Bewegungsarten bei Schnee und Eis probieren.

Rutschen auf Eis: Wer einen kleinen Garten besitzt, kann sich mit etwas Geschick eine kleine Eisbahn anle-

gen. Aber auch auf einer zugefrorenen Pfütze oder festgetretenem Schnee können Sie Ihrem Kind zeigen, wie man rutscht. Halten Sie es bei den ersten Versuchen an einer Hand fest.

Schlittschuhfahren: Jetzt kann Ihr Kind schon das Schlittschuhfahren lernen. Lassen Sie es aber nicht al-

lein auf dem Eis. Führen Sie es mit lockerer Hand (möglichst nicht mit einem Griff unter der Achsel – dabei verlässt es sich zu sehr auf Sie und lernt langsamer, «auf den eigenen Beinen zu stehen»).

Schlittenfahren, Skifahren: Das Herumtoben im Schnee, Schlittenfahren und Skifahren machen Ihrem Kind viel Spaß. Vergessen Sie nicht, ihm einige Tipps für Spiele mit Schnee und Eis zu geben. Sorgen Sie dafür, dass es warm genug angezogen ist (zwei Paar Handschuhe mitnehmen).

Ziel: Den eigenen Körper überwiegend mit der Kraft der Arme und Hände steuern und im Gleichgewicht halten.

Sie werden es bestimmt nicht bereuen, wenn Sie jetzt für Ihr Kind ein Türreck kaufen. Damit die entsprechende Tür nicht ständig blockiert ist, können Sie das Reck zu bestimmten Zeiten anschrauben, etwa vier Tage hintereinander alle drei Wochen. Es sollte zunächst so angebracht werden, dass es sich etwa fünf Zentimeter über dem Bauchnabel des stehenden Kindes befindet. Fangen Sie mit folgenden Übungen an:

- unten durchkriechen;
- sich über die Reckstange legen und die Arme baumeln lassen;
- sich über die Reckstange legen, festhalten und ähnlich wie beim Purzelbaum nach vorne abrollen;
- sich einige Zeit an das Reck hängen (mit den Händen festhalten);
- sich mit den Händen und Füßen («quer») ans Reck hängen;
- darüberklettern.

Sicherheitshalber sollten Sie immer dabei sein und als Polster eine Matratze unter die Turnstange legen, die auf dem Boden nicht verrutscht.

Ziel: Schwimmen lernen. Nach den Wassergewöhnungsübungen (vgl. oben) kann Ihr Kind schwimmen lernen. Bezeichnen Sie es ruhig als «Schwimmen», wenn Ihr Kind sich mit Schwimmflügeln durchs Wasser bewegen kann!
Ohne Schwimmflügel zu schwimmen, lernt es vielleicht bereits in diesem Jahr, vielleicht auch erst im nächsten. Denken Sie daran, dass das Lernen des freien Schwimmens – mit den vorbereitenden Wassergewöhnungsübungen – auch bei einem Schwimmlehrer ca. zehn bis 14 Stunden dauert.
Wenn Ihr Kind sich im Wasser wohl fühlt, nehmen Sie es mit zu dem etwas tieferen Teil des Beckens, in dem es nicht mehr stehen kann. Bleiben Sie zuverlässig in seiner Nähe und stützen Sie es trotz der Schwimmflügelchen zunächst vom Bauch her. Es sollte nach den Wassergewöhnungsübungen schon sicher durch den Mund atmen können, ohne viel Wasser zu schlucken. Nun kann es die Schwimmbewegungen mit Armen und Beinen machen, die es bei anderen beobachtet hat. Eine Vorübung ist, daheim auf einem Schemel «Trockenübungen» zu machen.

Wenn es sein Gesicht nach einiger Übung sicher über Wasser halten kann, lassen Sie mit Ihrer Hilfestellung nach. Loben Sie ständig alle Fortschritte – schwimmen lernen ist keine einfache Sache!

Alles neu Erlernte erhöht die Selbständigkeit

Grundlegende Anregungen

Ziel: Kleine Aufgaben übernehmen.

Das dreijährige Kind kann bereits – nach geeigneter Anleitung – kleine Aufträge richtig erledigen. Es soll sich seiner Selbständigkeit und Leistungsfähigkeit bewusst werden und erleben, dass es geschickt ist. Damit es diese Erfolgserlebnisse erfährt, muss es bei den einzelnen Aufgaben natürlich zunächst angeleitet werden. Es ist nicht damit getan, dass man ihm einfach eine Anweisung gibt. Es muss den Sinn der Aufgaben einsehen und den Weg kennen lernen, auf dem es zum Ziel kommt. Zerlegen Sie deshalb komplexe Aufgaben in Teilschritte und greifen Sie davon zuerst die einfachsten zum Üben heraus. Wenn es sie beherrscht, werden nach und nach die weiteren Schritte ausprobiert.

Wenn das Erlernte zur Routine geworden ist, empfindet Ihr Kind neue Herausforderungen nicht als belastend. Beobachten Sie seine Versuche, geben Sie ihm kleine Hilfestellungen, wenn etwas nicht klappt, und sparen Sie nicht mit Anerkennung.

Mit solchen Anleitungen und Übungen verschaffen Sie Ihrem Kind zugleich eine erste persönliche Erfahrung von «Arbeit». Ihr wichtigstes Ziel sollte also sein, dass Ihr Kind diese Aufgaben mit Freude ausführt und nicht viel Zeit damit vergeudet. Es erwirbt so eine positive Einstellung zur Arbeit. Sorgen Sie möglichst dafür, dass es sie nicht als belastend und mühsam empfindet, sondern als eine Hilfe, nützliche Aufgaben erfolgreich zu vollenden.
Dabei dürfen Sie Ihr Kind nicht in seiner Leistungsfähigkeit überschätzen. Auch beim Spielen, also einer von ihm selbst gesteuerten Tätig-

keit, bricht es mitunter unvermittelt ab, weil es nicht mehr weiterspielen möchte. Glauben Sie nicht, dass Sie etwa durch strenges Vorgehen mehr erreichen können. Treiben Sie Ihr Kind bei den Aufgaben nicht an mit dem Hinweis «... dann haben wir mehr Zeit zum Spielen!», sonst erfährt Ihr Kind Arbeit als Gegensatz zum Spiel, als eine Belastung.

Ab drei Jahren

Ziel: Gesicht und Hände selber waschen, Zähne putzen.

Von jetzt an kann Ihr Kind sein Gesicht auch allein mit klarem Wasser und einem Waschlappen waschen, seine schmutzigen Hände einseifen (Handrücken und Unterarme nicht vergessen!) und gut nachspülen. Auch seine Zähne kann es nun täglich wie ein Erwachsener putzen. Leiten Sie Ihr Kind in den nächsten Wochen dazu an, bleiben Sie einige Male dabei, um das Waschen zu beobachten. Günstig ist, wenn Sie nebenbei im Badezimmer einige erforderliche Arbeiten erledigen, um nicht lediglich kontrollierend dabei zu sein, und vergessen Sie nicht, Ihr Kind nach dem Waschen zu loben und liebevoll zu beschmusen.

Ziel: Spielsachen (richtig) aufräumen.

Berücksichtigen Sie beim Aufräumen, dass sich manche Spiele über mehrere Tage erstrecken. Ein angefangenes Bauwerk sollte nicht am Abend wieder völlig zerlegt werden müssen. Das Kind entwickelt bei lange andauernden Spielen einen großen Spannungsbogen. Wenn es allerdings zwei bis vier Tage hintereinander trotz gelegentlicher Erinnerung das Spiel nicht fortsetzt, sollten die Requisiten nach nochmaliger, freundlicher Erinnerung wieder weggeräumt werden. Helfen Sie beim Aufräumen und stellen Sie alles möglichst immer wieder an denselben Platz. Das ist eine hilfreiche Voraussetzung für das selbständige Aufräumen.

Ziel: Kleidungsstücke allein an- und ausziehen und ordentlich weglegen.

Leiten Sie Ihr Kind an, Kleidungsstücke ohne schwierige Verschlüsse selbst an- und auszuziehen. Führen Sie seine Hand, wenn es die richtige Stelle (zum Beispiel beim Pulloveranziehen) nicht findet.

Ziel: Üblichen Tischmanieren entsprechend essen, Messer und Gabel verwenden.

Zeigen Sie Ihrem Kind, wie es mit Messer und Gabel essen kann. Für die ersten Versuche geben Sie ihm möglichst weiche Esswaren zum Schneiden, etwa Kartoffeln (kein Fleisch). Es sollte dabei darauf achten, dass nichts neben den Teller fällt.
Jetzt kann es auch begreifen, dass man lieber nachnimmt, als zu viel auf den Teller zu laden. Dazu muss es lernen, seinen Appetit immer besser einzuschätzen.

Ab dreieinhalb Jahren

Ziel: Weitere Körperpflege regelmäßig und vollständig ausführen, sich allein auf der Toilette sauber machen.

Ihr Kind kann jetzt lernen, sich allein zu kämmen (wenn keine Schleifen gebunden werden müssen und die Haare nicht sehr lang sind) und sich gründlich unter der Dusche oder in der Badewanne zu waschen (einschließlich der Geschlechtsteile).
Es kann jetzt auch allein auf das Erwachsenenklosett gehen, sich richtig abputzen und anschließend die Hände waschen.
Wenn Ihr Kind sich sehr gegen die Übernahme dieser Handlungen sträubt, lassen Sie ein paar Wochen verstreichen, bevor Sie mit einem neuen Versuch beginnen. Hat es ihn aber einmal akzeptiert, dann bleiben Sie – ohne Druck auszuüben – konsequent dabei.

Ziel: Die Regeln von Gesellschaftsspielen einhalten.

Ihr Kind sollte nun beispielhaft erfahren, dass es bei einfachen Spielen klare Regeln gibt und warum sie eingehalten werden müssen. Regeln sind allgemein wichtig, sie gelten ja nicht nur im Spiel, sondern auch im Straßenverkehr oder beim Umgang mit anderen Menschen. Für den Anfang sollten Sie Spiele machen, die nicht zu lange dauern, überschaubar sind und bei denen Ihr Kind gute Gewinnchancen hat.

Ihr Kind steuert sich selbst immer bewusster

Anregungen für das ganze Jahr

Ziel: Häufige und heftige Trotzreaktionen vermeiden bzw. auflösen.

In der ersten Hälfte dieses Lebensjahres werden Sie bei Ihrem Kind noch einige heftige Trotzreaktionen wie Wutausbrüche, Schreien oder wütendes Weinen beobachten können. Obwohl das «Trotzalter» als übliches Entwicklungsstadium gilt, sollte Ihr Kind nicht allzu viel Kraft und Energie darauf verwenden müssen, seine Ziele durch Trotzreaktionen zu erreichen. Vor allem unbegründetes und striktes Ablehnen heftiger Wünsche Ihres Kindes führen zu solchen Auftritten.

Verlangen Sie also nicht pauschal, Ihr Kind solle seine Trotzreaktionen zügeln, beenden oder gar nicht erst damit anfangen («es führt ja doch zu nichts»), sondern geben Sie nach, wenn Sie die Erfüllung seines Wunsches verantworten können (eine Ablehnung Ihrerseits nur wegen der ungebührlichen Art der Wunschäußerung ist nicht zu rechtfertigen).

Beobachten Sie, ob sich das Trotzen immer wieder zu den gleichen Anlässen, nur in Gegenwart bestimmter Personen oder nur dann entzündet, wenn Sie selbst zu wenig Zeit haben, um sich genügend um Ihr Kind zu kümmern; auch das kann Ihnen helfen, Ihrem Kind gerecht zu werden. Denken Sie immer wieder daran, dass dem Verhalten Ihres Kindes meist ein Wunsch zugrunde liegt (zum Beispiel auch der, sich zu behaupten) oder dass es durch eine Überforderung entstanden ist. Beschränken Sie sich also auf ein Mindestmaß an Verboten, Geboten und Einschränkungen.
Prüfen Sie, ob ein bestimmtes Verbot wirklich nötig ist. Gestatten Sie Ausnahmen (die gibt es ja auch bei

Ihrem Verhalten). Es ist wichtiger, dass Sie auf Ihr Kind verständnisvoll eingehen und dass Sie ihm Ihren Standpunkt begreiflich machen, als starre Regeln einzuhalten.

Der erste Schritt, Trotzreaktionen bei Ihrem Kind überflüssig zu machen, sind weitgehende und ausreichende Informationen. Sie sollten stets bedenken: Solange Ihr Kind trotzt, ist es oft nicht genügend informiert, es kennt die Begründung für Ihre Wünsche nicht. Wiederholen Sie öfter Ihre Erklärungen und Ihre Begründung, und sagen Sie nicht nur z. B.: «Komm herauf!» Allmählich begreift Ihr Kind, welche verschiedenen Interessen jeweils wirksam sind, es lernt seine eigenen Wünsche und Antriebe genauer kennen, es sieht mehr und mehr die Bedingungen, die das Verhalten von Erwachsenen bestimmen.

Andererseits können Sie viele Schwierigkeiten vermeiden, wenn Sie selbst umsichtig planen. Dazu zwei Beispiele:

- Lohnt es sich noch, dass Ihr Kind vor dem Essen mit einem Spiel beginnt? Bitten Sie es stattdessen ggf. um ein wenig Mithilfe.
- Haben Sie die notwendigen Spielsachen dabei? Dann braucht es sie auf dem Spielplatz nicht anderen Kindern wegzunehmen!

Sie können übrigens darauf hoffen, dass die Fähigkeit zu Verständnis und Einsicht bei Ihrem Kind in diesem und dem nächsten Jahr große Fortschritte machen wird. Das erleichtert Ihr Bemühen, solche Probleme partnerschaftlich und demokratisch zu lösen.
Das Ausspielen Ihrer eigenen Macht und Überlegenheit ist jedenfalls ein denkbar ungeeignetes Mittel, Ihrem Kind vernünftiges Verhalten beizubringen. Es fügt sich allenfalls Ihrem Druck, erfüllt sich seine Wünsche, wenn Sie nicht anwesend sind, und fängt an zu lügen.

Diese Tipps können Ihnen helfen:

- Überprüfen Sie die eigenen Forderungen.
- Versuchen Sie von vornherein, eine für beide befriedigende Lösung zu erreichen.
- Verhärten Sie nicht den Trotz durch verärgerte Reaktionen Ihrerseits («... dann gehen wir eben nicht in den Tierpark!»).
- Bieten Sie ggf. zwei oder drei verschiedene Lösungswege zur Auswahl an.
- Kündigen Sie Zeitpläne und Termine im Voraus an («Bald ...», «Du kannst noch dreimal herunterrutschen, dann ...», «In einigen Minuten ...»).

Ziel: Die Fähigkeit zur Selbststeuerung erhöhen.

Jedes Mehr an Können und Fähigkeiten bringt Ihr Kind dem Ziel der Selbstbestimmung näher. Sie selbst können dazu einiges beitragen.

- Überlassen Sie Ihrem Kind diejenigen Entscheidungen, die es selbst leicht treffen kann.
- Helfen Sie ihm über kleine Schwierigkeiten hinweg, die die Umsetzung seiner Pläne verhindern. (Geben Sie ihm also zum Beispiel einen Tipp, wie es am besten auf eine kleine Mauer klettern kann.)
- Erklären Sie ihm die Schwierigkeiten, die sich daraus ergeben, dass man an einem bestimmten (ungünstigen) Lösungsweg festhält.
- Verhindern Sie, dass es zu oft durch ältere oder stärkere Spielpartner beherrscht (also bestimmt, übervorteilt) wird.

- Lassen Sie Ihr Kind seine Aktionen, zum Beispiel größere Bauwerke, beenden, auch wenn deswegen mehrere Tage nicht aufgeräumt werden kann.

Ziel: Das Kind befähigen, durch die Rollen, die es innehat oder spielt, seinen Verhaltensspielraum zu erweitern und verschiedene Verhaltensmöglichkeiten zu begreifen.

Das positive Selbstverständnis Ihres Kindes hängt wesentlich davon ab, dass es nicht auf eine einseitige Rolle innerhalb der Familie festgelegt wird, die sein Verhalten übermäßig einschränkt. Lassen Sie es nicht dazu kommen, dass Ihr Kind in der Familie etwa nur die Rolle des kleinen, hilflosen Schützlings spielt, der immer behütet wird, oder des kleinen Clowns, der alle zum Lachen bringt. Es muss viele Möglichkeiten haben – sowohl vernünftig und groß wie auch anlehnungsbedürftig, lustig usw. sein zu können.
Versuchen Sie, Ihrem Kind Gelegenheit zur Übernahme besonderer Rollen in Rollenspielen zu geben. Es spielt einmal Vater, dann Mutter, mal artiges, mal unartiges Kind usw. Auch die Rollen Helfer, Arzt, Berufstätiger (Berufsrollen aussuchen, die das Kind kennt) eignen sich für solche Spiele.

Ziel: Sich selbst Ziele setzen und sie verwirklichen.

Das Kind erwirbt jetzt die Fähigkeit, Ziele zu verfolgen und zu verwirklichen. Das setzt allerdings voraus, dass es die Freiheit bekommt, sich diese Ziele selbst zu wählen. Sie können es dazu anregen, ohne ihm etwas aufzunötigen.
Jedes mit Spaß und Interesse bewältigte Ziel fördert die Leistungsmotivation Ihres Kindes – sie ist eine wichtige Voraussetzung für die Bewältigung späterer Leistungsanforderungen. Nur widerwillig vollzogene Handlungen bremsen sie dagegen. Eine große Hilfe für Ihr Kind ist dabei Ihre Anerkennung, wenn es etwas erreicht hat. Denn es hat ja selbst noch wenig Möglichkeiten, seine Leistungen zu bewerten – ohne Ihr Lob erfährt es also keine positive Rückmeldung, die es zu weiteren Handlungen anspornt!

Wie Ihr Kind Gefühle und Affekte verarbeitet

Anregungen für das ganze Jahr

Ziel: Erleben entspannter Stimmungen und lustvoll angenehmer Gefühle in der Familie.

Diese Zielsetzung scheint so einfach zu sein, dass man sie beinahe für überflüssig hält. Und doch kann man in fast allen Familien immer wieder Situationen erleben, die von wenig freundlichen Gefühlen geprägt sind. Langeweile, Müdigkeit, Ärger im Beruf, Streit zwischen Geschwistern – alle diese Stimmungen und Gefühle und die ihnen entsprechenden Äußerungen, die sich wiederholen, beeinflussen in erheblichem Ausmaß die Entwicklung der Gefühle beim kleinen Kind.
Die Atmosphäre, in der es lebt, die gefühlsmäßige Ausgeglichenheit oder Unausgeglichenheit der Personen, die es umgeben, prägen sein eigenes Lebensgefühl. Es übernimmt schließlich wesentliche Haltungen und Reaktionsweisen im emotionalen Bereich. Für die Erwachsenen und die Freunde des Kindes – auch für seine älteren Geschwister – ergibt sich daraus die Forderung nach vorbildlichem Verhalten.

Wenn man negative Gefühlsäußerungen ihrem Ausmaß und ihrer Häufigkeit nach gering halten will (damit das kleine Kind sie nicht ebenso selbstverständlich lernt wie zum Beispiel die Sprache), muss man alle Anlässe zu vermeiden suchen, die zu ebendiesen unerwünschten Gefühlsäußerungen führen. Es darf also gar nicht erst so weit kommen, dass sich Ärger, Hass, Angst, Enttäuschung, Zorn, Neid oder Eifersucht ausbreiten. Wie schwierig es ist, die Anlässe dieser Gefühle zu vermeiden, liegt auf der Hand. Durch genaue Beobachtung eines Tagesablaufs (notieren Sie am besten die häufigsten Anlässe) können Sie jedoch versuchen, eine Änderung herbeizuführen.

Dazu einige Beispiele: Ihr Kind zieht sich nicht so an, wie Sie es wünschen; Sie sind zu spät ins Bett gegangen, deshalb also am Morgen unausgeruht, reizbar, weniger tolerant; Ihr Kind isst nicht, wie es sich Ihrer Meinung nach für ein Kind seines Alters gehört, und es isst auch nicht so viel, wie Sie wollen usw.

Gehen Sie dann Ihre Aufzeichnungen der Reihe nach durch: Nehmen Sie sich vor, wenigstens 14 Tage lang wegen fünf ganz bestimmter Anlässe nichts mehr zu sagen. Übersehen Sie sie aber wirklich und seien Sie nicht missmutig, wenn Sie dann beispielsweise zulassen müssen, dass Ihr Kind etwas schmutzigere oder mit Filzstift bemalte Hände hat.

Verhalten Sie sich möglichst entspannt. Sprechen Sie mit Ihrem Kind über seine Wünsche und überlegen Sie gemeinsam, welche Sie erfüllen können. Machen Sie ein kleines Tagesprogramm mit Ihrem Kind – seine Freude auf ein kommendes Ereignis wird auch die Zeit bis dahin gelöster und damit erfreulicher machen.

Ziel: Negative Gefühlsäußerungen Ihres Kindes zum Abklingen bringen.

Selbst wenn Sie es mal als drollig und lustig empfinden, wie sich ein dreijähriges Kind im Wutausbruch verhält, sollten Sie sofort versuchen, ihm aus dieser Situation, die ihm Unlustgefühle bereitet, herauszuhelfen. Das gilt auch für andere negative Gefühlszustände wie Ärger oder Angst.

An drei ausgewählten Beispielen sind im Folgenden einige Möglichkeiten gezeigt, wie man dem Kind aus seinen Gefühlsverstrickungen heraushelfen kann:

Wut- oder Trotzausbruch: Ihr Vorgehen hängt davon ab, wogegen sich

der Wutausbruch richtet. Ist Ihr Kind wütend auf eine Sache (weil z. B. die Schere nicht richtig schneidet, der Bleistift abgebrochen ist usw.), beheben Sie ohne viel Worte den Schaden. Geben Sie Ihrem Kind Gegenstände oder Werkzeuge, mit denen es besser operieren kann, und zeigen Sie ihm, wie man damit umgeht.
Richtet sich der Zorn gegen Sie selbst, überprüfen Sie Ihr Verhalten. Vielleicht sind Sie zu streng. Geben Sie in diesem Fall öfter nach und sprechen Sie später, wenn Ihr Kind sich wieder beruhigt hat, darüber, warum Sie bestimmte Dinge so und nicht anders erledigt haben möchten.

Furcht oder Angst: Hier geht es nur um den Abbau von übertriebener Furcht oder Angst. Denn Furcht hat ja zunächst die Aufgabe, vor einer möglichen Gefahr zu warnen. Ungünstig wirkt sie erst, wenn sie in Situationen ausgelöst wird, die nicht gefährlich sind (lautes und hartes Gespräch, Knall usw.), wenn sie in keinem angemessenen Verhältnis zum Anlass steht bzw. sich entsprechend steigert oder wenn sie das Kind blockiert, also die richtige Reaktion verhindert (vor einem Hund aus Angst wegzulaufen ist im Allgemeinen weniger günstig als stehen zu bleiben).

Wenn sich das Kind ohne Grund stark ängstigt (etwa wenn der Hund ins Nachbarhaus gehört und nicht bissig ist), erklären Sie ihm die Gefahrlosigkeit. Gewöhnen Sie das Kind allmählich an die Situation: Halten Sie sich in der Nähe (in einem für das Kind noch als sicher erlebten Abstand) auf und lenken Sie es mit einem Spiel ab. Mit der Zeit (das können auch mehrere Tage sein) verringern Sie den Abstand zur Angstquelle während des

Spiels. Schließlich können Sie mit ihm auch wieder das angstauslösende Thema indirekt ansprechen (z. B. die langen Ohren des kläffenden Dackels). Sollten diese schrittweisen Bemühungen allerdings nicht erfolgreich verlaufen, sollten Sie die Angst Ihres Kindes mit einem Kinderpsychologen besprechen.

Eifersucht: Die Eifersucht Ihres Kindes ist in der Regel gar nicht so unbegründet, wie es zunächst erscheinen mag. Die bisherige Liebe und Zuwendung kann durch mancherlei Ereignisse unterbrochen werden: durch die Geburt eines Geschwisters, das die Mutter außerordentlich in Anspruch nimmt, durch die Bettlägerigkeit eines Familienmitglieds oder durch ein Kind, das vielleicht als Feriengast in der Familie weilt. Überprüfen Sie zunächst Ihr eigenes Verhalten und lassen Sie Ihr Kind vermehrt Ihre Zuneigung und Liebe spüren. Die versichernden Worte «Ich habe dich genauso gern wie früher» oder «Aber ich habe doch alle Kinder gleich lieb» allein reichen nicht aus, um die Eifersucht (die Ihrem Kind unter Umständen bis ins Erwachsenenalter nachhängen kann) zu überwinden.

So gewinnt und behält Ihr Kind Freunde

Anregungen für das ganze Jahr

Ziel: Kontakte knüpfen und halten; eigene Interessen aussprechen und durchsetzen; die Interessen anderer erkennen und berücksichtigen; auftretende Konflikte ertragen und – so weit möglich – lösen.

Wenn Ihr Kind ein oder mehrere Geschwister hat, die altersmäßig nicht allzu weit entfernt sind, so wird es die Kommunikation unter nahezu Gleichaltrigen vor allem in der Familie erlernen können und üben. Ist es jedoch ein Einzelkind, oder kommt das gemeinsame Spiel mit einem Geschwister zu wenig oder gar nicht zustande, sollten Sie Ihrem Kind unbedingt Gelegenheit zu Kontakten mit einem anderen gleichaltrigen Kind geben.

Das andere Kind sollte möglichst nicht mehr als ein Jahr jünger oder älter sein. Denn Kinder ähnlichen Alters können im Allgemeinen leichter partnerschaftlich miteinander sprechen und spielen. So verhindern Sie, dass Ihr Kind zu sehr in die Defensive gedrängt wird, weil das andere Kind schon mehr weiß und kann, oder dass es umgekehrt zu starkes Dominanzverhalten entwickelt.

Wichtig ist, dass beide Kinder etwas zu sagen haben, dass beide Vorschläge machen, was man gemeinsam tun kann. Dieses wechselseitige Anregen sollten Sie als Eltern auch dadurch fördern, dass sich die Kinder nicht immer nur in einer der elterlichen Wohnungen aufhalten. Kinder fühlen sich in der Regel im eigenen Wohnbereich sicherer: das würde bei einseitigem «Heimrecht» u. U. dazu führen, dass ein Kind über das andere dominiert. Außerdem besteht bei wechselseitigem Besuch die Möglichkeit, dass beide Kinder andere Wohnverhältnisse und andere Elterneinstellungen kennen lernen – ein weiterer Vorteil des Wechselns.

Machen Sie (beim Antritts- oder Gegenbesuch) dem fremden Kind den Aufenthalt in Ihrer Familie angenehm. Zeigen Sie ihm die Toilette, fragen Sie, was es trinken möchte, und bieten Sie ihm eine Kleinigkeit zu essen an. Fragen Sie seinen begleitenden Elternteil auch nach Besonderheiten im Verhalten, um darauf Rücksicht nehmen zu können.

Beobachten Sie die beiden Kinder beim Spielen und sprechen Sie, wenn nötig, später mit Ihrem Kind über das, was Sie beobachtet haben. Heben Sie besonders hervor, was Ihnen besonders gefallen hat, vermeiden Sie aber nicht zu erwähnen, wenn Ihnen etwas weniger gut gefallen hat: «Es würde (deiner Freundin, Name) mehr Spaß machen, wenn du ihr auch mal dein Auto gibst.» – «Du solltest das andere Kind nicht an den Haaren ziehen, das tut ihm weh.»
Damit erreichen Sie, dass Ihr Kind zwischendurch über die verschiedenen Situationen und Ereignisse nachdenkt und überlegt, was anders hätte verlaufen können. In der aktuellen Situation selbst sind Ihre Einflussmöglichkeiten vergleichsweise gering; Sie können hier nur aus wichtigem Grund eingreifen, denn Ihr Kind ist zu sehr von dem Spiel in Anspruch genommen, als dass es auf Sie hören könnte.

Die Beobachtung Ihres Kindes hat auch andere Vorteile. Sie können feststellen, womit Ihr Kind Schwierigkeiten hat (vielleicht spricht es undeutlich, sodass der Spielpartner nicht alles versteht; vielleicht wechselt es zu rasch das Spiel, sodass das andere Kind in seinen Interessen unterbrochen wird usw.). Mit solchen Beobachtungen können Sie leicht einige Besonderheiten Ihres Kindes feststellen und es entsprechend zu beeinflussen versuchen.

Übrigens: Bestehen Sie nicht darauf, dass die Kinder ihre Konflikte oft «unter sich» lösen – das lernen sie besser mit Ihrer Hilfe (Sie sollten nicht nur zeigen, wie der konkrete Kompromiss aussieht, sondern was beim Konfliktlösen geschieht!).

Viel kann Ihr Kind in sozialen Bezügen auch von ausländischen Familien lernen oder von Familien aus anderen Regionen – hier sind typische Verhaltensweisen oft sehr von den eigenen, gewohnten abweichend, und das bedeutet auch eine Öffnung gegenüber Ungewohntem oder Fremdartigem.

Ziel: Sich an das Zusammensein mit mehreren Kindern gewöhnen (Vorbereitung auch auf den Kindergarten).

Sicher haben Sie sich schon erkundigt, wann Ihr Kind in den Kindergarten gehen kann (andernfalls sollten Sie es bald anmelden wegen möglicher Wartelisten). Die Erfahrungen, die es dort im Zusammensein mit anderen Kindern sammelt, können Sie zu Hause nicht ersetzen.

Der ganztägige Kindergartenbesuch ist nur dann zu empfehlen, wenn die Erzieherin gut auf die Kinder eingeht, wenn die Gruppe nicht zu groß ist und wenn auch eine gezielte Vorbereitung auf die Schule vorgesehen ist. Sonst sollten Sie den Halbtagsbesuch für das vierte bis sechste Lebensjahr vorziehen, weil er Ihrem Kind mehr individuelle Entfaltungsmöglichkeiten gibt. Eine – allerdings nicht billige – Alternative ist der Besuch eines von Eltern initiierten Kindergartens: Dort ist die Anzahl der Kinder pro Gruppe und pro Erzieherin in der Regel günstiger als in den freigemeinnützigen Einrichtungen.

Der Kindergarten wird Ihrem Kind auch den Übergang und Eintritt in die Schule wesentlich erleichtern: Es kennt schon einige Kinder (dadurch ist die ungewohnte Atmosphäre leichter zu bewältigen), und es ist bereit, in einer Gruppe angesprochen zu werden.

Bereiten Sie Ihr Kind, falls Sie keinen Kindergartenplatz bekommen, so auf das Zusammensein mit mehreren Kindern vor: Gehen Sie öfter zum Spielplatz, wenn dort andere Kinder anwesend sind, laden Sie Kinder zu Spielnachmittagen, zum Kindergeburtstag, Kinderfasching usw. möglichst oft ein und lassen Sie Ihr Kind möglichst an allen Einladungen teilnehmen.

Ziel: Einige typische soziale Verhaltensweisen kennen und verstehen.

Das Zusammenleben von Menschen ist durch verschiedene, teils nützliche, teils entbehrliche Konventionen, Übereinkünfte und Normen bestimmt und geregelt. Ein Kind braucht lange, bis es auch nur einige dieser Gebräuche als selbstverständlich übernimmt: grüßen, danken, verabschieden, ausreden

lassen, zuhören, antworten usw.
Über den Sinn einiger Verhaltensweisen können Sie jetzt schon gut mit Ihrem Kind sprechen. Weisen Sie zum Beispiel bei Gelegenheit darauf hin, dass ein Verhalten nicht überall in der gleichen Weise üblich ist, weil Sitten und Gebräuche in verschiedenen Familien, sozialen Gruppen und Ländern voneinander abweichen. Dieser Gesichtspunkt sollte übrigens auch Sie davor schützen, Ihre eigenen Maßstäbe Ihrem Kind auf allen Gebieten aufzudrängen und entsprechend auf der Einhaltung Ihrer Regeln zu bestehen.
Erklären Sie Ihrem Kind, wie Konventionen das Zusammenleben erleichtern, dass zum Beispiel ältere Leute das Nichtgrüßen unter Umständen als eine Beleidigung auffassen und dann weniger zu Freundlichkeiten neigen oder gar gekränkt sind.

Ziel: Das Verhalten älterer Menschen, die von anderen Normen geprägt sind, akzeptieren und sich darauf einstellen.

In den letzten Jahrzehnten haben sich viele Anschauungen und Verhaltensweisen geändert. So haben beispielsweise die Großeltern Ihres Kindes sicher wesentlich andere Vorstellungen über das Benehmen als Sie. Teilweise tragen sie an Ihr Kind Erwartungen heran, die es nicht befriedigen wird, weil bereits Sie, die Eltern, diese Erwartungen nicht wirklich billigen.
Geben Sie deshalb Ihrem Kind vor Verwandtenbesuchen ruhig einige Verhaltenstipps: «Sei bitte nicht so furchtbar laut und gib die Hand bei der Begrüßung. Oma und Opa freuen sich darüber.» Durch dieses kleine Entgegenkommen, den Hinweis auf bestimmte Verhaltensweisen, die Sie Ihrem Kind nahe legen, erreichen Sie vielleicht eine bessere Beziehung zwischen Großeltern und Enkelkind, die für alle Beteiligten befriedigend ist.
Allerdings sollten Sie auch von den Großeltern ein gewisses Abrücken von ihren Gewohnheiten erwarten. Insbesondere dort, wo es um prinzipielle Fragen der Erziehung geht, sollten Sie die Großeltern dazu bringen, das Kind nicht mit Erwartungen zu belasten, die Sie nicht mehr nachvollziehen wollen.

Übersichten

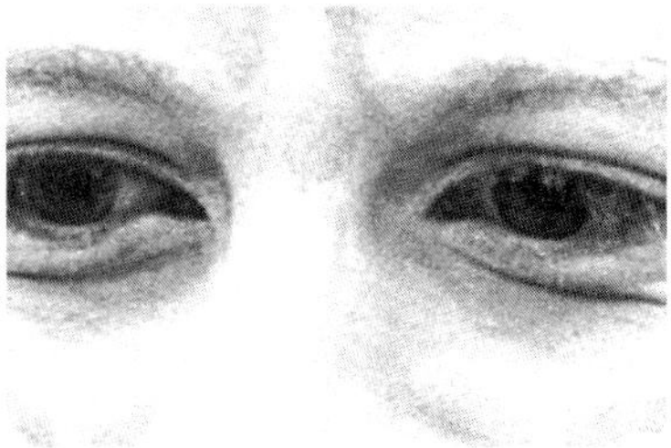

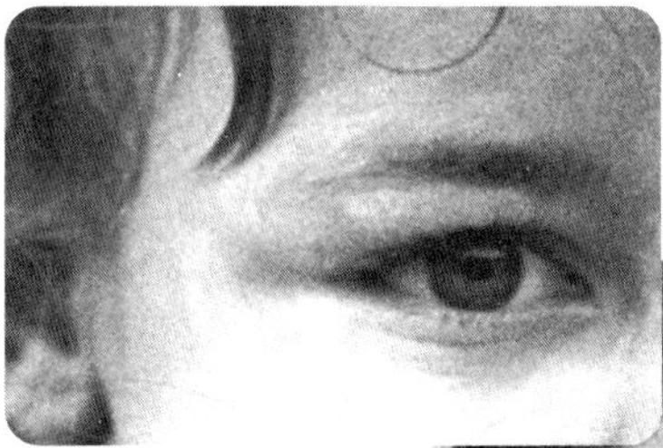

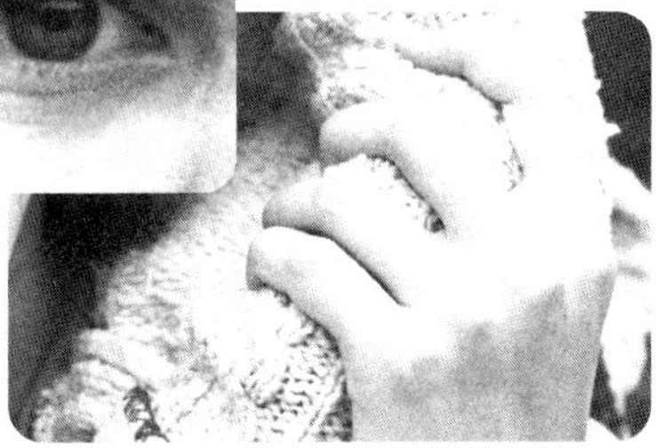

Wenn Sie gelegentlich zulassen, aus dem Alltag auszusteigen, eröffnen sich Ihnen leicht veränderte Perspektiven. Sie sehen dann manches anders und gewinnen einen neuen Überblick.

Gewicht und Größe

Die Bedeutung von Körpergewicht und Körpergröße sollte nicht überschätzt werden – lassen Sie sich also nicht beunruhigen, wenn Ihr Kind gesund ist, aber von den angegebenen Werten abweicht!

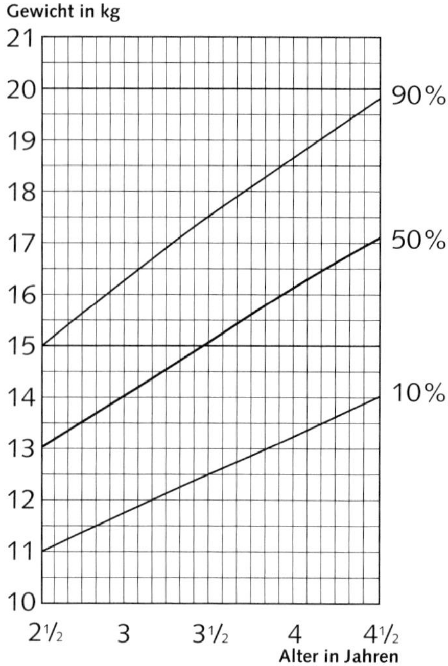

Länge im Liegen

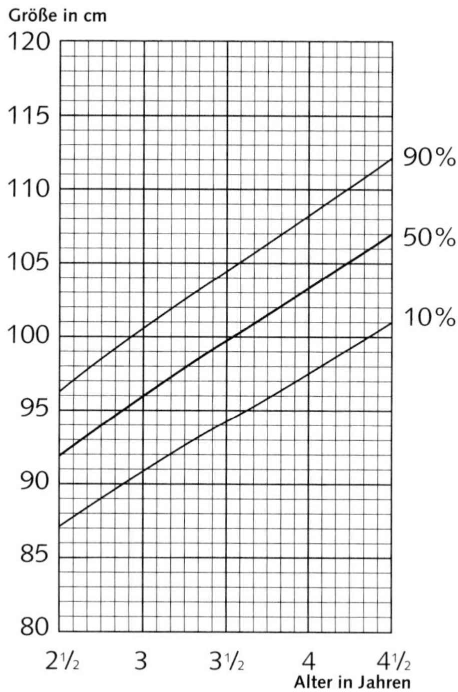

Wachstumskurven für Mädchen

Gewicht und Größe sollten einander möglichst entsprechen.
Die Abbildungen *(nach: Kinderarzt 10, 11: 1979, 1980)* zeigen die altersentsprechende Gewichts- und Größenverteilung mit Perzentilen (Prozentkurven) für jeweils 10, 50 und 90 Prozent aller Mädchen und Jungen.

Bitte lesen Sie die Perzentilangaben wie folgt: Wenn Ihr Kind mit seinen Körpermaßen genau dem Durchschnitt der Gleichaltrigen entspricht, liegen seine Werte auf der 50%-Linie; 50 Prozent der Kinder liegen dann mit ihren Werten darüber, 50 Prozent darunter. Lesen Sie die 10%- und die 90%-Linie entsprechend.

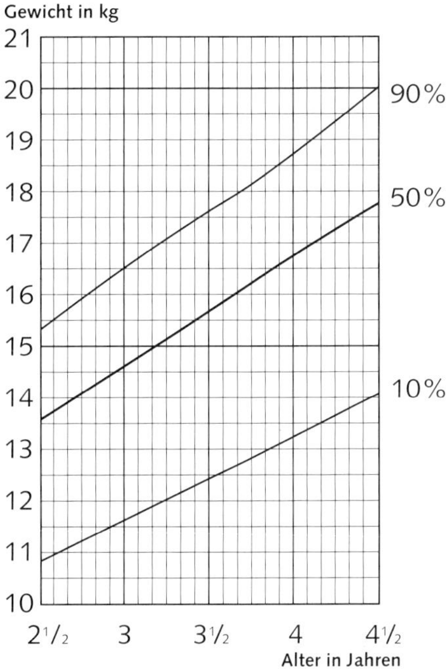

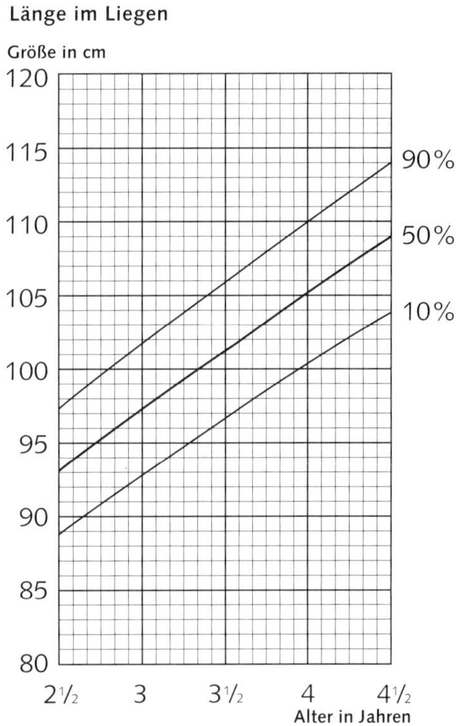

Wachstumskurven für Jungen

Literatur

Adam, D. und P. Stoll: Elternschule. Baierbrunn 1990

Arbeitsausschuss Kinderspiel + Spielzeug e.V.: Das Spielzeugbuch. 22. Verzeichnis des spiel gut ausgezeichneten Spielzeugs. Ulm 1998

Arbeitsausschuss Kinderspiel + Spielzeug e.V.: Gutes Spielzeug von A–Z. Ratgeber für Spiel und Spielzeug. Ulm 1997

Aust, Claus E. und P. M. Hammer: Auch das Lernen kann man lernen. Vom Kindergarten in die Schule. Was Sie als Eltern dafür tun können, dass Ihr Kind gut und gern lernt. Ratingen 1997

Biddulph, S.: Das Geheimnis glücklicher Kinder. München 1998

Biddulph, S.: Weitere Geheimnisse glücklicher Kinder. München 1999

Bornhaupt, B. v., und K. Hurrelmann: Kinder im Stress? Weinheim 1991

Brasch, Ch.: Der gute Ton für kleine Rüpel – und entnervte Eltern. Freiburg 1997

Brezinka, W.: Erziehungsziele in der Gegenwart. Donauwörth 1984

Bundesministerium für Bildung und Forschung (Hg): Grund- und Strukturdaten 1998/99. Bonn 1998

Callenbach, E.: Billig leben mit Stil. Hamburg 1995

Collange, Ch.: Die Wunschfamilie. Düsseldorf 1995

Conrad, K.G.: Unsere Kinder – unsere Zukunft. Zur gesellschaftlichen Verantwortung von Familie und Erziehung. Heidelberg 1998

Dauber, H.: Lernfelder der Zukunft. Perspektiven humanistischer Pädagogik. Bad Heilbrunn 1997

Davidson, A. und R. Davidson: Lust aufs Leben. Was Eltern ihren Kindern mitgeben können. Reinbek 1998

Der Paritätische Wohlfahrtsverband Bayern (Hg.): Soziales Netz Kinderbetreuung. München 1991

Deutsches Jugendinstitut e.V. (Hg.): Wie geht's der Familie? Ein Handbuch zur Situation der Familien heute. München 1988

Deutsches Jugendinstitut e.V. (Hg): Was für Kinder. Aufwachsen in Deutschland. Ein Handbuch. München 1993

Döpfner, M.: Hyperkinetische Störungen. In: Petermann, F. (Hg.): Lehrbuch der klinischen Kinderpsychologie. Erklärungsansätze und Interventionsverfahren. Göttingen 1998

Düsseldorfer, E. (Hg.): Das große Buch der Kinderspiele. Niedernhausen 1994/95

Einon, D.: Spielen – Lernen – Fördern. München 1998

Elhardt, S.: Tiefenpsychologie. Stuttgart 1998

Engfer, A.: Kindesmisshandlung und Vernachlässigung. In: Oerter, R. und

L. Montada (Hg.): Entwicklungspsychologie. München, Weinheim 1995
Ernst A., V. Herbst, K. Langbein, Ch. Skalnik (Hg.): Kursbuch Kinder. Köln 1993
Erziehung für das 21. Jahrhundert. Werte – Wissen – Fähigkeiten im Informationszeitalter. Würzburg 1999
Flitner, A.: Reform der Erziehung. Impulse des 20. Jh. München 1999
Frankfurter Frauenschule e.V. (Hg.): Geschlecht und Kindheit. Königstein 1997
Freinet, C.: Pädagogische Werke, Teil 1. Paderborn 1998
Gewerkschaft Öffentliche Dienste, Transport und Verkehr (Hg.): Mehr ... für Kinder. Anstöße zur Reform der öffentlichen Kinderbetreuung. Stuttgart 1990
Giesecke, H.: Einführung in die Pädagogik. Weinheim 1999
Göttlicher, B. und M. Pilger: Kinder am Computer: Praxisbuch. 222 Ideen, wie Eltern ihre Kinder am Computer fördern können. München 1998
Grüneisl, G. und W. Zacharias: Die Kinderstadt. Eine Schule des Lebens. Handbuch für Spiel, Kultur, Umwelt. Reinbek 1989
Gudjons, H.: Pädagogisches Grundwissen. Bad Heilbrunn 1999
Haefele, B. und M. Wolf-Filsinger: Aller Kindergarten-Anfang ist schwer. Hilfen für Eltern und Erzieher. München 1997
Harnack, G.-A. von und B. Koletzko (Hg.): Kinderheilkunde. Berlin 1997
Hoehl, M. und P. Kullik (Hg.): Kinderkrankenpflege und Gesundheitsförderung. Stuttgart 1998
Hurrelmann, K. und G. Unverzagt: Kinder stark machen für das Leben. Herzenswärme, Freiräume und klare Regeln. Freiburg 1999
Kaufmann-Huber, G.: Kinder brauchen Rituale. Ein Leitfaden für Eltern und Erziehende. Freiburg 1998
Keller, H.: Lehrbuch Entwicklungspsychologie. Bern 1998
Kovacs, H. und S. Linder: Kinderkrankheiten erkennen und behandeln. Ravensburg 1996
Largo, R. H.: Kinderjahre. Die Individualität des Kindes als erzieherische Herausforderung. München 1999
Leach, P.: Die ersten Jahre deines Kindes. Bern 1998
Liebenow, H.: Konsequenz – Wie Eltern lernen, was Kinder brauchen. Reinbek 1999
Liebich, D.: Mit Kindern richtig reden. Wirksam erzählen, ermahnen, erklären. Freiburg 1998
Merkens, H. von und F. Schmidt (Hg.): Sozialisation und Erziehung in ausländischen Familien in Deutschland. Tutzing 1997
Mielke, U.: Schwierige Kinder besser verstehen. Ursachen erkennen. Vertrauen schaffen. Probleme lösen. Augsburg 1998
Miller, A.: Am Anfang war Erziehung. Frankfurt a. Main 1987
Montada, L.: Die geistige Entwicklung aus der Sicht Jean Piagets. In: Oerter, R. und L. Montada (Hg.): Entwicklungspsychologie. München, Weinheim 1995
Montessori, M.: Erziehung zum Menschen. Montessori-Pädagogik heute. Stuttgart 1997

Montessori, M.: Kinder sind anders. München 1999
Niesel, R.: Wendepunkt im Kinderleben. München 1994
Nitsch, C.: Bloß nicht alles richtig machen. Vom partnerschaftlichen Umgang mit Kindern. Reinbek 1998
Nitsch, C.: Babys liebevoll fördern. Wie die Eltern die Entwicklung ihres Kindes spielerisch unterstützen. München 1999
Oerter, R.: Kindheit. In: Oerter, R. und L. Montada (Hg.): Entwicklungspsychologie. München, Weinheim 1995
Oerter, R. und L. Montada (Hg.): Entwicklungspsychologie. München, Weinheim 1995
Pacher, W.: Wenn Kinder keine Grenzen kennen. Konflikte lösen ohne Machtanwendung. Freiburg 1999
Petermann, F. (Hg.): Lehrbuch der klinischen Kinderpsychologie. Erklärungsansätze und Interventionsverfahren. Göttingen 1998
Petermann, F. und P. Warschburger: Aggression. In: Petermann, F. (Hg.): Lehrbuch der klinischen Kinderpsychologie. Erklärungsansätze und Interventionsverfahren. Göttingen 1998
Pfaffenberger, R. und M. Schattanik: Kindererziehung im Alltag leichter gemacht. Ein Praxisbuch für Eltern und ErzieherInnen: Erziehung durch Ermutigung. Oldenburg 1998
Pighin, G.: Kindern Werte geben – wann und wie? Halt und Orientierung als Lebensgrundlage. München 1998
Preuschoff, G.: Von 3 bis 6. Alltag mit Vorschulkindern. Köln 1997
Richter, H.-E.: Eltern, Kind und Neurose. Reinbek 1971
Richter, H.-E.: Patient Familie. Entstehung, Struktur und Therapie von Konflikten in Ehe und Familie. Reinbek 1994
Robb, J. und H. Letts: Clevere Kids fallen nicht vom Himmel. Auch Lernen will gelernt sein. München 1998
Rost, B. und A. Otten: Ernährung im Kindesalter. Stuttgart 1998
Schaare, J.: Erziehung zur Autonomie. Neuwied 1998
Schneewind, K. A. u. a.: Familienpsychologie. Stuttgart 1991
Schoenebeck, H. von: Unterstützen statt erziehen. Themensammlung. Münster 1997
Schüttler-Janikulla, K. (Hg.): Handbuch für ErzieherInnen. In: Krippe, Kindergarten, Vorschule und Hort. Landsberg am Lech 1997
Shapiro, L.: EQ für Kinder. Wie Eltern die Emotionale Intelligenz ihrer Kinder fördern können. München 1998
Sichtermann, B.: Vorsicht Kind. Eine Arbeitsplatzbeschreibung für Mütter, Väter und andere. Berlin 1998
Speck, O.: Chaos und Autonomie in der Erziehung. Erziehungsschwierigkeiten unter moralischem Aspekt. München 1997
Statistisches Bundesamt (Hg.): Datenreport 7. Zahlen – Fakten 1995/96. Landsberg am Lech 1997
Stein, A.: Wenn Kinder aggressiv sind. Wie wir verstehen und helfen können. München 1997
Tausch, R. und A. M. Tausch: Erziehungspsychologie. Begegnung von Person zu Person. Göttingen 1998
Textor, M. R.: Familien: Soziologie, Psychologie. Eine Einführung für soziale Berufe. Freiburg i. Breisgau 1991

Truchis, Ch. de: Wie Ihr Baby Vertrauen gewinnt – zu sich selbst und in die Welt. Freiburg 1997
Veith, P.: Eltern nehmen Kinder ernst. Die 7-Schritte-Methode zur Lösung von Familienkonflikten nach Rudolf Dreikurs. Freiburg 1998
Wild, R.: Kinder wissen, was sie brauchen. Freiburg 1998
Wild, R.: Sein zum Erziehen. Mit Kindern leben lernen. Freiamt 1998
Wisskirchen, H.: Die wieder entdeckte Erziehung. Kinder suchen Autorität und Orientierung. München 1997
York, U.: Nachschlagen statt Zuschlagen. Erziehungsfragen auf einen Blick. Reinbek 1997
Zimmer, J. u. a. (Hg.): Erziehung in früher Kindheit. Band 6: Enzyklopädie Erziehungswissenschaft. Stuttgart 1985
Zimmer, K.: Wenn Eltern laufen lernen. Von der Säuglingspflege bis zur Lösung von Erziehungsproblemen. München 1998
Zimmer, R.: Handbuch der Bewegungserziehung. Freiburg 1996
Zimmer, R.: Handbuch der Sinneswahrnehmung. Grundlagen einer ganzheitlichen Erziehung. Freiburg 1998

Zeitschriften

Aktuelle Informationen zu Gesetzesänderungen, Neuerungen im Bereich Gesundheitswesen usw., aber auch weitere Entwicklungsanregungen sind unter anderem den letzten Jahrgängen folgender Zeitschriften zu entnehmen:

ELTERN. Gruner und Jahr (Hg.)
Spielen und Lernen. Beilage: spiel mit. Für alle Kinder, die gern spielen und lernen. Velber Verlag GmbH (Hg.)
Kinderzeit. Sozialpädagogische Blätter. Pestalozzi-Fröbel-Verband und B & B GmbH. Paderborn
Kindergarten heute. Zeitschrift für Erziehung im Vorschulalter. Verlag Herder GmbH und Co. KG (Hg.)
klein und groß. Lebensorte für Kinder. Die Fachzeitschrift für Erzieherinnen und sozialpädagogische Fachkräfte. Hermann Luchterhand Verlag GmbH. Neuwied
Unsere Kinder. Fachzeitschrift für Kindergarten- und Kleinkindpädagogik. Österreichische Caritaszentrale (Hg.)

Informationen der Bundesregierung und der Bundesministerien

Bei den Pressestellen des Bundes und der Ministerien gibt es eine große Anzahl von Broschüren, Faltblättern usw., die Kinder und Eltern betreffen. Diese Informationen sind weitgehend kostenlos erhältlich (einige Monate vor Wahlen dürfen die meisten Broschüren nicht mehr abgegeben werden, weil sie als Werbung für die regierenden Parteien aufgefasst werden könnten). Schreiben Sie an das entsprechende Ministerium und lassen Sie sich von dort eine Bestellliste der Broschüren zusenden.
Bei den öffentlichen Dienststellen, im Jugendamt, im Finanzamt usw. können Sie auch oft einzelne Broschüren bekommen. Einige Beispiele sind im Folgenden genannt:

Bundesministerium für Familie, Senioren, Frauen und Jugend, 10117 Berlin, Taubenstr. 42, Tel. 030–206550 für allgemeine

Anfragen; Broschürendienst in Bonn: Tel. 0180–5329329, Fax 0228–9304976

- Staatliche Hilfen für Familien (sehr guter Überblick!)
- Eltern werden aktiv
- Mutig fragen – besonnen handeln
- Der Unterhaltsvorschuss
- Tipps und Informationen für Alleinerziehende
- Rückkehr in den Beruf

Bundeszentrale für gesundheitliche Aufklärung, BZgA, 51101 Köln, Tel. 0221–89920 für allgemeine Anfragen; Broschürenbestellung über E-Mail: order@bzga.de oder über Fax 0221–8992 2257

- Kinderspiele
- Unsere Kinder
- Sicherheitsfibel. Ratgeber für Eltern zur Verhütung von Kinderunfällen
- Entwicklungskalender
- Gesundheitskalender
- Impfkalender
- Kopfläuse … Was tun?
- Prävention von Allergien bei Kindern
- Zu viel für die Ohren? Vom schützenden Umgang mit Lärm

Bundesministerium für Justiz 10117 Berlin, Mohrenstr. 37, Tel. 030–01888–5800; Broschürenstelle für Anfragen und Bestellungen: Tel. 030–20259033, Fax 030–01888–5809525 und E-Mail: bpa@stutz.de

- Das neue Kindschaftsrecht
- Eherecht
- Betreuungsrecht
- Kinder suchen Eltern, Eltern suchen Kinder
- Mehr Schutz bei häuslicher Gewalt
- Erben und Vererben

Bildquellen

Ursula Baumgart: S. 197, 205
Stella Berger: S. 9, 10/11, 13, 14, 20/21, 30/31, 62, 66, 71, 119, 120, 121, 137, 151, 158, 163, 167, 174, 177, 183, 184, 190
Ulrich Diekmeyer: S. 16, 17, 23, 26, 28, 33, 36, 38, 44, 47, 57, 58, 61, 69, 112/113, 115, 116, 117, 118, 122/123, 125, 130, 142, 144, 187, 188, 199, 201, 206
Jochen Fiebig: S. 1, 42, 72/73, 133, 139, 141, 147, 155, 173, 181
Gerd Pfeiffer: S. 52/53, 160, 169, 189, 202, 208/209

Die Firma Treffpunkt Wagner, Papeterie-Büro-Geschenke-Spiel, Olching bei München, Hauptstr. 20, hat uns freundlicherweise Artikel für Fotos leihweise zur Verfügung gestellt.

Register